밀레니얼 슈퍼리치

| 일러두기 |

본문에 소개되는 아래의 형식은 다음의 내용을 의미합니다.

서비스명
창업 연도
창업자
총 투자 금액

위기를 기회로 만든 밀레니얼 부자들의 7가지 성공 법칙

밀레니얼 슈퍼리치

SUPER RICH MILLENNIALS

하선영 지음

비에이블
B.able

경제부총리로 지명되기 전 대학총장으로 있을 때의 일입니다. 어느 언론과의 인터뷰에서 이런 질문을 받았습니다.

"총장께서 대학 신입생이라면 지금도 금융 회사에 취직하거나 관료가 되고 싶으실까요?"

제 답은 이랬습니다.

"둘 다 아닙니다. 진짜 하고 싶은 일이 무엇인지 치열하게 찾을 것입니다. 아마 창업을 할 것 같습니다. 몇 차례 장렬하게 실패했을지도 모르겠습니다."

대학총장이 되기 전, 제 직업은 공무원과 은행원이었습니다. 여섯 식구의 소년 가장으로, 대학에 진학할 형편이 되지 못해 열일곱에 은행에 취직했고, 야간 대학을 다니며 공무원 시험 준비를 했습니다. 8년 가까이 은행을 다녔고, 34년간 공직 생활을 했습니다. 고백하자면 주위나 사회의 바람을 제 바람으로 착각하고 택한 길이었습니다. 나름대로는 열심을 다했지만 틀 자체를 바꾸지는 못했습니다. 그 후 가졌던 저를 둘러싼 환경, 제 자신 그리고 사회를 바꾸고 싶다는 '유쾌한 반란'의 꿈은 결국 '하고 싶은 일 찾기'였습니다. 제 평생의 화두가 된 말이기도 합니다.

다시 20대로 돌아갈 길은 없지만 최근에 다른 방법으로 꿈을 이뤘습니다. 창업에 도전한 것입니다. 비영리법인 설립도 '창업'이라고 한다면 말입니다. 우리 사회에 좋은 생각, 좋은 말은 넘쳐나는데, 정작 실천은 충분치 않아서 뜻이 맞는 분들과 작은 실천을 해보자는 취지로 '사단법인 유쾌한 반란'을 최근 설립했습니다. 야간 대학 시절을 기준으로 한다면 40년도 더 지나 꿈을 이룬 것입니다.

《밀레니얼 슈퍼리치》의 저자는 기자로서 여러 해 동안 국내외 벤처기업과 스타트업을 취재하면서 지면이 좁다고 생각했습니다. 어딘들 안 그러겠습니까. 공직이나 언론뿐 아니라 각자가 몸담은 모든 영역에서 그렇습니다. 생각이 성숙해지고 깊어지면 자신을 담은 그릇, 자기가 일하고 있는 영역이 작아지는 법이지요. 약간의 용기를 낼 수 있다면 그 틀을 깨는 시도까지 하는 법이고요. 상황과 틀에 순응하면 자신을 담은 그릇과 영역에 안주하게 됩니다. 그러나 틀을 깨면 새로운 영역이 나옵니다. 그렇게 할 수 있는 힘은 호기심과 용기에서 나오고요.

저자는 현장을 누비며 만난 창업자 중에서 서른 분의 경험과 이야기, 기운과 열정을 책에 담았습니다. 이 책은 간접 경험으로 할 수 있는 최고의 교훈과 영감을 줍니다. 고백하자면 저도 이 책의 집필 동기와 비슷한 심정을 느낀 적이 있습니다. 경제부총리로 있으면서 현장을 많이 다녔고 기업인과 가급적 많이 소통하려 애썼습니다. 스타트업 창업자들을 만날 때는 더 신이 났습니다. '더 많은 이야기를 나눴으면', '들은 이야기를 책으로 엮었으면' 하는 생각도 하곤 했습니다. 저에게는 그럴 재주와 능력이 없었지만 '그렇게 한' 이 책을 보며 대리만족을 크게 느낍니다.

새로운 일, 하고 싶은 일, 남이 안 해본 일, 가치가 있다고 생각하는 일에 바치는 열정과 헌신, 용기와 도전이야말로 우리 경제를 도약시키는 힘이자, 개인 차원에서는 더없이 좋은 삶의 전략입니다. 《밀레니얼 슈퍼리치》는 새로운 일에 관심 있는 사람, 당장 새로운 일이 아니어도 원하는 일을 찾고자 하는 독자들에게 훌륭한 자극제가 될 것입니다.

— **김동연** (전 경제부총리 겸 기획재정부 장관)

평소 스타트업에 깊은 애정을 가지고 취재해온 저자가 선별해서 소개하는 한국의 밀레니얼 세대 스타트업 30선. 밀레니얼 세대에게 사랑받는 제품과 서비스를 다룬 이들 스타트업 이야기를 통해 요즘 젊은이들의 취향과 소비 트렌드 변화를 감지할 수 있다.

— **임정욱** (벤처캐피탈 TBT 공동대표, 전 스타트업얼라이언스 센터장)

30개의 스타트업 창업자들과 인터뷰하고 성공 법칙을 전달하는 것은 매우 방대한 작업이다. 이 책은 2020년 현재 한국의 스타트업들과 비즈니스 모델을 일목요연하게 정리한 스냅샷을 보여줄 뿐 아니라, 전문 기자답게 한국의 미래 유니콘 기업 후보들을 명쾌하게 설명했다. 5년 후, 이 책에 나온 기업 중 어떤 곳들이 유니콘 기업이 돼 있을지 상상해보는 것도 재미있는 포인트다. 스타트업에 꿈이 있는 젊은 독자들에게도 꼭 필요한 책이지만, 기존 기업에 몸담고 있는 분들도 반드시 읽어야 할 책이다.

__ **이성열** (SAP코리아 대표)

글을 읽고 쓰는 것이 직업인 교수에게 좋은 책의 출간은 큰 기쁨이다. 경영 분야 젊은 언론인들 중 최고의 통찰력과 탁월한 글 솜씨를 가진 하선영 기자가 시대의 핵심 화두인 기업가 정신에 대해 쓴 이 책은 바로 그런 기쁨을 주는 역작이다.

　이 책은 30개의 출중한 스타트업과 기업가를 심층 취재하여 스타트업 창업의 전 과정을 일목요연하게 설명한다. 그리고 작은 아이디어 하나로 단기간에 거대 기업을 이루어 내는 비결을 명쾌하게 제시한다. 21세기의 핵심 시대정신인 기업가 정신의 발현에 대한 생생한 증언으로서, 일상의 작은 아이디어라도 비전과 열정을 가진 기업가를 만나면 엄청난 가치를 창출할 수 있다는 가능성을 보여준다. 기업가 정신에 관심 있는 모든 사람들에게 큰 배움과 즐거움을 제공할 명저이지만 특히 전대미문의 위기와 저성장, 심각한 청년 실업의 환경에서 좌절하고 있는 청년들이 반드시 일독해야 할 필독서다.

__ **신동엽** (연세대학교 경영대학 교수)

지구의 공전과 자전 주기가 엄청나게 빨라진 것 같은 요즘이다. 강물의 흐름도 폭포와 같이 빨라졌다. 라이프스타일, 산업 구조, 생각의 변화도 유성처럼 빠르다. '바뀜'이 일상화된 요즘, 작은 이정표가 될 만한 책이 나왔다. 빠르게 읽히고, 쉽게 이해되고, 깊게 남는다. 충분히 시간을 투자할 만한 책이다.

— **여운혁**(미스틱스토리 영상사업부문 사장, 전 JTBC 국장)

창업, 몇십, 몇백억의 투자 유치, 고객에게 인정받는 기업을 만들고, 돈 버는 것을 넘어 세상을 바꾸는 스타트업 이야기를 듣는 사람은 곧 둘로 나뉜다. 나와는 관련 없는 그저 먼 나라 이야기인 사람과 그저 한 조각이라도 더 내 것으로 만들고 싶은 사람. 시작은 미약하겠지만, 작은 조각들이 모이면 어느덧 큰 꿈을 꾸는 나 자신을 발견한다. 각종 뉴스와 정보가 범람하는 시대, 어떤 이야기를 가까이에 두고 고민을 시작하느냐가 당신의 시작점을 다르게 한다. 지금 도전을 시작하고 싶은데 어디서부터 발을 디뎌야 할지 모를 때, 당신에게 기꺼이 길잡이가 되어줄 책이다.

— **김소영**(방송인, 책발전소 대표)

지금이 바로 슈퍼리치가 될
절호의 기회다

2019년 12월 국내 1위 배달 애플리케이션 '배달의 민족'의 우아한 형제들이 독일 기업 딜리버리히어로에 매각됐다. 국내 1위를 넘어 세계 시장을 평정하기 위해 내린 결정이었다.

딜리버리히어로가 평가한 우아한형제들의 기업 가치는 무려 40억 달러(약 4조 7,000억 원). 2010년, 자본금 단 3,000만 원으로 시작한 스타트업이 화려하게 세계 무대에 데뷔하는 순간이었다.

스타트업 업계의 맏형 격인 우아한형제들의 소식에 국내 스타트업들도 다 같이 들썩였다. 한국 스타트업 역사를 새로 썼다는 평가와 함께 '넥스트 배민', '제2의 김봉진'을 꿈꾸는 창업가, 스타트업들은 특히나 고무됐다.

나는 지난 수년간 국내외 벤처 기업과 스타트업을 취재하면서 각양각색의 전략과 성장 가능성에 큰 확신을 가지게 됐다. 이는 유니콘 기업(기업 가치 1조 원 이상의 비상장 기업)으로 등극한, 이른바 '대박 난 스타트업' 몇 곳만을 이야기하는 것은 아니다. 갓 설립한 작은 회사라도 사업성과 잠재력을 인정받으면 누구나 상상하기 어려웠던 거액을 투자받을 수 있다. 실제로 서비스 시작 수개월 만에 시장에서 인정받아 안정적으로 사업을 펼치는 곳도 많다.

'마켓컬리', '당근마켓', '마이리얼트립'은 모두 국내 스타트업이 만든 인기 서비스들로, 대기업의 서비스 못지않게 편리하다. 아니, 오히려 대기업보다 훨씬 더 혁신적이고 편리하다. 그러니 소비자들이 좋아하는 것은 당연하다. 이제 스타트업은 더 이상 그들만의 리그가 아니고, 누구라도 작은 아이디어만 있으면 스타트업을 시작할 수 있으며, 이는 도처에 기회가 있음을 의미한다.

평소 스타트업을 취재하고 기사를 쓰면서 이들의 성공의 법칙을 더 자세히 소개하고 싶다고 생각했다. 지금 이 순간에도 새로운 역사를 만들고 있는 젊은 창업가들의 희로애락과 열정을 짧은 기사로 담아내기엔 역부족이었기 때문이다.

이 책은 가장 적은 자본으로, 가장 빨리 성공한 밀레니얼 슈퍼리치들의 성공 스토리를 담았다. 슈퍼리치들을 일일이 만나면서 느낀 점은 의외로 누구나 슈퍼리치가 될 수 있다는 것이다. 물론 누가 봐도 남다른 비범함을 자랑하는 이들도 있었다. 그러나 평범한 회사원으로 살다가 일상에서 사업 아이템을 발견하고 성공한 이들이 훨씬 많았다.

완전히 새로운 시대와 세대를 경험하고 있는 지금 새로운 성공 법칙이 필요하다. 그것은 대단한 아이디어도, 대단한 기술도 아닌 조금 더 빨리, 조금 남다른 시각으로 세상을 바라보는 것이다. 그리고 실패에 대한 두려움을 극복하고 조금만 용기를 낸다면 누구에게나 기회가 열려 있다.

평생직장이 없는 시대다. 시대와 함께 직장과 직업의 형식도 변화하고 있다. 이제는 원하든 원치 않든 누구나 제2의 직업, 제2의 직장을 계획해야만 한다. 이 책을 통해 독자들도 새로운 인사이트를 얻고, 넥스트 라이프를 준비할 수 있기를 바란다.

책 한 권을 쓰는 데 셀 수 없이 많은 분들이 도와주셨다. 우선 귀한 시간을 내서 인터뷰에 응해주신 창업가들과 회사 관계자들에게 감사드린다. 다들 1분 1초를 아끼며 치열한 하루를 보내는 분들인데, 인터뷰를 핑계로 이들의 시간을 여러 차례 빼앗았다. 책에서 직접 다루지 않은 대기업, 벤처캐피털, 스타트업과 학계에 계신 분들께서도 자문해주셨다. 이들 덕분에 좀 더 객관적이고 깊이 있는 관점을 유지할 수 있었다. 마지막으로 오롯이 집필 작업에 몰두하게 지원해준 가족들에게 가장 감사하다.

목차

추천의 말 / 004
프롤로그 | 지금이 바로 슈퍼리치가 될 절호의 기회다 / 009

법칙 I
가장 가까운 일상에 숨겨진 아이템을 찾아라

○ **우리 동네 중고 거래 애플리케이션 당근마켓** / 018
   오늘 잡은 생선부터 2,000원짜리 장난감까지 사고팔아요

○ **전국 맛집 앞 풍경 바꾼 나우웨이팅** / 028
   꼬깃꼬깃한 번호표 대신 카카오톡으로 고객을 분석한다

○ **대학생들이 만든 온라인 취미 플랫폼 클래스101** / 037
   밀레니얼 세대들의 '넥스트 라이프'를 위하여

○ **국내 1위 화장품 정보 애플리케이션 화해** / 047
   돈 냄새 안 나는 진짜 후기로 똑똑한 소비자를 만든다

법칙 2
지금이 아닌 10년 후를 타깃으로 하라

○ **누구나 고수가 될 수 있는 서비스 숨고** / 058
  긱 이코노미 시대, 일과 직업에 대한 정의를 바꾸다

○ **23,000개 상품으로 여행 트렌드 바꾸는 마이리얼트립** / 067
  자본금 1,000만 원으로 시작해 업계 1위 노리는 게임 체인저

○ **건강한 맞춤형 식단을 배송하는 닥터키친** / 077
  암 · 당뇨 환자에게도 맛있게 먹을 권리는 있다

○ **업계를 뒤흔드는 출판계의 넷플릭스 밀리의 서재** / 086
  '읽는 것'에서 '듣는 것'으로 변화 중인 독서, 책 잘 안 읽는 독자를 잡는다

○ **대치동과 인도를 사로잡은 고피자** / 095
  크고 느리고 비싼 피자에서 작고 빠르고 싼 피자로

 법칙 3
인생의 흑역사를 세일즈하라

○ **여성 피트니스 · 다이어트 토탈 케어 기업 다노** / 106
  이제 스마트폰으로 식단 관리와 PT를 한다

○ **독서실을 넘어 교육 플랫폼으로 작심독서실** / 116
  독서실에 오면 100만 원짜리 인강을 공짜로 들을 수 있다고?

○ **깐깐한 요구에 모두 답하는 모바일 세탁 서비스 세탁특공대** / 125
  편리함, 신속함, 합리적인 가격으로 동네 세탁소의 불만을 모두 해결한다

○ **대기업까지 뛰어든 새벽배송 시장을 개척한 마켓컬리** / 134
  입맛과 체질이 까다로운 사람들을 위한 깐깐한 먹을거리

○ **18평 방앗간에서 미슐랭으로 진출한 쿠엔즈버킷** / 143
  참기름도 스타트업 아이템이 될 수 있다고?

법칙 4

밀레니얼 세대를 넘어 Z세대를 잡아라

○ 밀레니얼 세대 사로잡은 자산 관리 애플리케이션 **뱅크샐러드** / 154
평소 느꼈던 금융 서비스에 대한 불만, 직접 해결한다

○ 솔직한 리뷰로 강사들 벌벌 떨게 하는 사이트 **별별선생** / 163
돈을 쓰기 전에는 반드시 타인의 경험을 참고하는 요즘 사람들

○ 쇠락해가는 미디어 업계에 등장한 미꾸라지 **아웃스탠딩** / 172
'복붙', '낚시질' 하지 않는 '진짜' 기사를 '유료'로 판다

○ 오디오계의 유튜브 **스푼라디오** / 182
젊은 세대를 이해하려 하지 말고 데이터로 파악하라

○ 패피들의 생활 필수 애플리케이션 **스타일쉐어** / 190
MZ세대 "정보좀요(ㅈㅂㅈㅇ)" 댓글이 알려주는 것들

법칙 5

선한 영향력을 팔아라

○ 돈 내면서 책 읽는 우아한 지적 연대 **트레바리** / 202
진짜 빅 비즈니스는 10년 뒤에 뜨는 사업이 아닌 10년이 지나도 변하지 않는 사업

○ 정보의 비대칭 문제를 해결하는 부동산 애플리케이션 **호갱노노** / 211
만 원짜리 물건을 살 때도 열심히 검색하는데 왜 집 살 땐 남의 얘기만 듣고 살까?

○ 오피스 푸드 테크 시장을 개척한 **식권대장** / 220
회사 생활의 불편함은 가장 훌륭한 창업 아이디어

○ IT 기술로 오프라인 시장 틀 깨는 **링크샵스** / 229
수십 년 고집하던 전통 시장의 메커니즘을 깬 커뮤니케이션 능력

○ 베이비시터와 부모를 연결시켜주는 플랫폼 **맘시터** / 238
사회적인 문제의식 하나만으로도 누구나 시작할 수 있다

법칙 6
달라진 일의 형태를 파악하라

○ **수업도 좋지만 가격은 더 좋은 일대일 영어 서비스 링글** / 250
  하버드대학 원어민 강사의 영어 공부 노하우를 온라인에서 배운다면

○ **일하는 현대인들 위한 지식 플랫폼 퍼블리** / 259
  회사에서 일하는 법을 회사 밖에서 배우는 시대

○ **예술가들을 위한 온라인 창작소 아이디어스** / 270
  오프라인 플리마켓을 온라인으로

법칙 7
돈이 되는 취향을 찾아라

○ **맞춤형 배송 서비스로 반려인들 사로잡은 펫프렌즈** / 282
  이제는 내 소중한 강아지, 고양이에 맞는 서비스가 필요하다

○ **직장인의 생활 애플리케이션 리멤버** / 292
  명함 관리 애플리케이션에서 더 나아가 비즈니스 포털을 꿈꾼다

○ **스타일리시한 차 문화를 개척하는 얄디프** / 301
  "종이컵에 마시는 녹차 말고, 와인 잔으로 마시는 티 주세요"

법칙

가장 가까운 일상에
숨겨진 아이템을
찾아라

우리 동네 중고 거래 애플리케이션

당근마켓

오늘 잡은 생선부터
2,000원짜리 장난감까지
사고팔아요

당근마켓
2015년
김재현·김용현
470억

부동산을 제외한 국내 중고 거래 서비스 규모는 한 해 20조 원 정도로 추정된다. 그러나 사용하던 물품을 싼값에 주고받는 특성상 중고 거래는 호불호가 극명하다. 합리적인 가격으로 현명한 소비를 할 수 있다는 장점이 있지만 반면 물건 품질이 들쑥날쑥해서 믿음이 안 간다는 부정적인 시각도 많기 때문이다. 그래서인지 중고 거래를 이용하는 사람은 소수에 불과했다. 그럼에도 불구하고 최근 몇 년 새 C2C(consumer to consumer, 소비자 간 전자 상거래)가 크게 활발해진 것은 중고 거래 시장이 모바일과 만나면서부터다. 모바일 애플리케이션이 중고 거래의 편리함과 신뢰도를 높이면서 국내 중고 거래 시장이 소비자들의 생활권으로 깊숙이 들어온 것이다.

모바일 중고 거래 애플리케이션 '당근마켓'은 국내 온라인 중고 거래 시장 부흥을 이끄는 대표적인 서비스로, 경쟁 업체에 비해 서비스 기간이 짧음에도 불구하고 인지도를 빨리 쌓았다. 쿠팡·옥션 등을 누르고 이커머스(온라인 판매) 애플리케이션 중에서 평균 실행 횟수가 가장 많고, 평균 체류 시간도 가장 길다(디지털광고 전문 기업 인크로스 추산, 2019년 1월 기준).

비싸고 불안한 거래보다 ─
싼 물건을 직접 부담 없이 ─

'당신의 근처'의 줄임말인 당근마켓은 사고파는 데 제약이 많다. 이름답게 근처 6km 내에서만 거래가 가능하고, 서울처럼 매물이 많이 올라오는 거래 밀집 지역에서는 3~4km 반경에서만 거래할 수 있다. 이를 위해 GPS(위성 위치 확인 시스템)를 활용한다. 멀리 사는 사람들의 물건은 찾을 수도 거래할 수도 없다.

애플리케이션에 들어가면 내가 사는 동네, 즉 나의 현재 위치를 인증해야 하고, 원하는 물건을 찾았을 때는 채팅으로 거래를 진행할 수 있다. 거래 당사자들 간의 협의에 따라 만나서 직거래를 하기도 하고, 필요에 따라 택배 거래도 한다. 하지만 대부분 근방에 살고 있기 때문에 주로 직접 만나 거래가 이뤄진다. 이 점이 바로 전국적으로 거래가 이뤄지는 다른 사이트나 애플리케이션과 가장 차별화되는 점이다.

거래되는 물건의 단가가 낮다는 것도 특징이다. 중고나라 등에서는 가전제품처럼 단가가 높은 제품도 많이 거래되지만, 당근마켓에서는 1,000~2,000원짜리 장난감부터 옷 같은 저렴한 물건이 훨씬 많이 거래된다. 가까운 곳에 사는 사람들끼리 직접 만나서 거래하다 보니 싼 물건이라도 부담 없이 거래되는 것이다. 얼굴을 보고 거래하니 사기 위험도 적고, 택배비 부담이 없는 것도 당근마켓 직거래의 장점 중 하나다. '안 쓰는 물건을 우리 동네 사람들에게 나눠준다'는 개념의 거래가 활발해지는 것이다.

당근마켓이 지역 기반의 중고 거래 플랫폼이다 보니 지역별로 거래되는 물건 특징이 다르다. 거래가 가장 활발한 곳은 제주도인데, 제주도에서는 수산물 거래가 활발하다. 방금 낚시로 잡은 생선을 곧바로 당근마켓에 올리는 것이다. 판교 등 젊은 부부가 많이 사는 동네일수록 출산·육아 용품 거래가 활발하고, 강남·서초 지역에서는 중고 명품 거래가 많다.

작은 디테일이 ──
서비스의 질서를 만든다 ──

당근마켓은 중고 거래의 가장 큰 문제인 신뢰도 문제를 해결하기 위해 다양한 제도를 도입했다. 회원 이름 옆에는 '매너온도'가 표시된다. 온도가 사람의 체온보다 높을수록 신뢰도가 높고, 낮으면 신뢰도도 낮다. 거래 후에는 판매자와 구매자가 서로 평가하는데 안 좋은 평가를 받으면 온도가 낮아진다. 그래서 여러 사람에게 좋지 못한 평가를 받으면 활동이 정지되기도 한다.

매너온도 시스템은 회원들이 거래할 때 좋은 매너를 갖추도록 독려한다. 당근마켓에서 꽤 여러 번 거래한 나의 현재 매너온도는 39.4도다. 나와 거래했던 사람 12명은 내 프로필에 '응답이 빨라요', '친절하고 매너가 좋아요' 등의 구매 후기를 남겼다. 자꾸 올라가는 매너온도를 보면 '빨리 40도가 되면 좋겠다'라는 생각과 함께 '앞으로 더 친절하게 거래해서 매너온도를 올려야지' 하는 생각이 든다. 언뜻 보기에 별것 아닌 것 같은 제도이지만, 이 작은 제도 하나가 애플리케이션의 질서를 만드는 것이다.

수백만 건의 거래 물품을 당근마켓 직원이 일일이 다 확인할 수 없기 때문에 인공지능 기술의 일환인 머신러닝을 활용해 모조품을 걸러내기도 한다. 이런 시스템을 갖추기 위해 당근마켓은 상품 이미지와 글, 이용자 닉네임 등 각종 데이터를 활용해 필터링 시스

○ 판매자의 거래 매너를 알려주는 매너온
도. 36.5도부터 시작된다

○ 내가 살고 있는 동네를 인증해야 사용할
수 있다

당근마켓에서 열 번 거래하면 그중 한 번은 같은 사람과
거래하다 보니 작은 물품 하나 사러 만난 건데도 찐 고구
마와 음료수를 내주기도 합니다. 삭막한 시대에서 주고
받고 나누는 문화가 더 활성화됐으면 좋겠어요.

템의 완성도를 높여가고 있다. 현행법상 술, 담배, 동물, 농산물 등은 인터넷으로 판매할 수 없는데 이런 아이템도 자동으로 차단한다. 당근마켓에서는 거래 수수료가 붙지 않는데, 이런 점을 악용해 당근마켓에서 새 상품만을 전문적으로 판매하는 업자들도 단속 대상이 된다. 거래를 위해 대화를 주고받을 때 돈과 관련한 키워드가 나오면 거래 당사자에게 주의 메시지를 보내기도 한다. 금전 거래만큼은 다시 확인하고 신중하라는 의미다.

사내 장터에서 얻은 아이디어

김용현·김재현 당근마켓 공동 대표는 카카오에서 팀장과 팀원으로 만났다. 기획자 출신인 김용현 대표와 개발자 출신의 김재현 대표는 카카오에서 '카카오플레이스'라는 맛집 정보 서비스를 함께 개발하기도 했다.

두 사람이 사업 아이디어를 발굴한 것은 사내 중고 거래 온라인 게시판이 활발하게 운영되는 것을 보면서부터다. IT 회사다 보니 직원들이 관심 가지는 아이템은 겹치는 경우가 많았다.

사내 장터에서는 블루투스 스피커, 노트북 등 IT 관련 아이템이 활발히 거래됐다. 회사에서 거래하니 아는 사람도 많고, 모르는 사람이어도 같은 회사 사람이니 믿음이 갔다. 만나서 거래하는 게 편하다는 점도 사내 중고 거래를 선호하는 이유였다. 직원이 수천 명인 네이버도 비슷했다. 하루에도 몇 번 씩 중고 거래 게시판에 들어가 매물을 찾는 직원도 많았다.

특정 지역과 집단을 대상으로 하는 중고 거래 서비스라면 시장성이 있겠다고 판단한 두 사람은 퇴사 후 2015년 7월 당근마켓 서비스를 처음 선보였다.

처음에는 '판교장터'라는 이름으로 출시됐다. 판교장터는 회사 이메일로 인증받고 이용할 수 있는 서비스였는데, 같은 해 11월에는 동네 주부들을 위한 서비스로 확장됐다. 두 대표는 서비스 초반에 인지도를 높이기 위해 판교의 아파트를 돌아다니면서 전단지를 붙이기도 했다. 전단지의 효과는 그리 크지 않았지만 판교장터의 사용량은 나날이 증가했다. 판교장터는 '판교맘'들의 인기를 등에 업고 2016년 '당근마켓'이라는 이름으로 전국적으로 서비스됐다.

현재 당근마켓에서 한 달에 거래되는 물품의 거래액은 850억 원이 넘고, 월간 순방문자 수는 480만 명이다(2020년 2월 기준). 수익은 지역 판매자들의 광고를 유치하는 것으로 내고 있다.

거래 지역을 반경 6km로 제한한 것을 두고 일부 이용자들은 거래 지역을 넓혀달라고 요구하기도 하지만, 거래 지역을 확장할 생각은 없다. 다다익선 전략보다 거래의 높은 편의성과 접근성을 차별화된 콘셉트로 유지하고 싶기 때문이다.

2019년 당근마켓이 새로 선보인 '동네생활'은 지역 주민끼리 궁금한 것을 묻고 답하는 온라인 커뮤니티 서비스다. 지금까지 이런 정보 교류는 주로 맘카페에서 이뤄졌다. 회사 입장에서 당장 수익으로 연결되는 서비스는 아니지만, 단순한 중고 거래를 넘어 아이들 등하원 도우미나 원데이 클래스도 찾는 등 다양한 정보가 교환되는 플랫폼으로 성장하려는 것이다.

중고 거래가 ─ 세계적인 트렌드라고? ─

"당근마켓에서 열 번 거래하면 그중 한 번은 같은 사람과 거래합니다. 거래를 많이 하는 사람들은 누가 어떤 물건을 판매하는지도 얼추 알게 되죠. 이렇다 보니 작은 물품 하나 사러 만난 건데도 집에 있던 찐 고구마와 음료수를 내주기도 합니다. 삭막한 시대에서 주고받고 나누는 문화가 더 활성화됐으면 좋겠어요."

당근마켓은 2019년 9월 미국 벤처캐피털 알토스벤처스와 굿워터캐피털 등으로부터 400억 원의 투자를 유치했다. 바로 1년 전인 2018년에도 한국소프트뱅크벤처스로부터 45억 원을 투자받은 바 있다. 누적 투자 금액은 470억 원이다. 거액을 유치한 데는 전 세계적으로 중고 거래 애플리케이션 시장이 날이 갈수록 커지는 것도 한몫한다.

미국의 '오퍼업', 싱가포르의 '카로셀', 일본의 '메루카리', 중국의 '좐좐', 인도의 '퀴커' 등 소비자 간 거래 플랫폼들은 성장 가능성을 인정받아 연이어 투자를 유치하고 유니콘 스타트업으로 부상하고 있다. 일본에서는 이 같은 중고 거래 애플리케이션의 인기를 일컬어 '빈테크(貧-tech)'라고 부르기도 한다. 경제적인 여유가 없는 젊은 세대들이 중고 물품을 팔아서 여윳돈을 마련하기 때문이다.

당근마켓은 앞으로 중고 거래 시장이 더 커질 것이라고 자신한다. 김재현 대표는 "온라인을 통한 상거래가 늘고 있다고 하지만 여전히 오프라인 커머스 점유율이 높다. 마찬가지로 오프라인에 더 많은 기회가 있다고 생각하고, 당근마켓이 이 기회들을 잘 연결시키는 접점 역할을 해나갈 것"이라고 강조했다.

전국 맛집 앞 풍경 바꾼

나우웨이팅

꼬깃꼬깃한 번호표 대신
카카오톡으로 고객을 분석한다

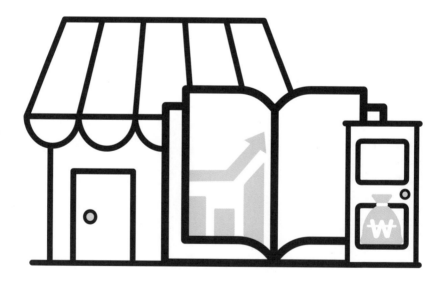

NO*W*BUSKING

전국 각지에 손님 좀 몰린다는 유명 맛집 앞 풍경은 대부분 비슷하다. 가게 주인은 물밀듯이 가게로 들어오는 손님들에게 수기로 적은 종이 번호표를 차례대로 나눠준다. 번호표를 받든 안 받든 문 앞에 선 손님들의 질문도 찍어낸 듯 똑같다. "앞에 몇 팀 있어요?", "얼마나 기다려야 돼요?", "들어가려면 아직 멀었어요?"

앞에 몇 팀이 남았는지 알 길이 없는 손님들도 지치지만, 손님들을 효율적으로 잘 관리해야 하는 식당도 힘들긴 매한가지다. 음식점 대기 리스트에 이름을 쓰고 기다리는 손님과 이들을 응대하는 점주의 피곤한 모습은 양측 모두에게 스트레스다. 그래서 붐비는 식당들은 대기 손님만 관리하는 직원을 따로 두기도 한다.

나우버스킹은 식당 앞 번잡한 대기 문화를 IT 기술로 바꿔보자는 문제의식에서 사업 아이템을 구상했다.

'저 대기 리스트가 만약 태블릿PC라면 어떨까?'

2017년, 이러한 아이디어는 머지않아 스마트 대기 서비스인 '나우웨이팅'으로 이어졌고, 이 서비스는 2019년 현재 1,800여 곳의 매장을 통해 1,000만 명이 넘는 고객이 경험했다.

나우웨이팅은 국내 처음으로 카카오톡을 활용한 대기 고객 관리 서비스다. 고객이 매장 앞에 비치된 태블릿PC에 연락처를 입력하면, 매장 앞에서 줄을 서서 기다리지 않아도 된다. 입장할 차례가 되면 식당에서 카카오톡으로 고객에게 메시지를 보내기 때문이다.

백화점처럼 고객이 카카오톡을 바로 확인하기 힘든 매장에서는 자동 전화 서비스를 통해 알림을 보내기도 한다. 내 앞에 몇 팀이 남았는지도 카카오톡을 통해 확인할 수 있다.

매장 입장에서는 관리자용 태블릿PC를 통해 대기 인원을 효율적으로 관리할 수 있어서 편리하다. 그래서 맛집뿐 아니라 테마파크, 은행, 볼링장 등 다양한 오프라인 공간이 나우웨이팅 서비스를 도입해 대기 고객을 효율적으로 관리하고 있다.

아무리 고객이 많아도 —
그들에 대해 알 수 없다면? —

양재동 '영동족발'은 골목 상권이 IT 기술을 만나 시너지 효과를 낸 가장 모범적인 사례다. 이 집은 장사가 잘되면 잘될수록 동네 주민들의 원성을 샀다. 대기 줄이 항상 길어서 동네 골목이 더럽고 시끄러워졌기 때문이다. 또 기다리는 손님들은 대기 시간이 하염없이 길다고 불평을 늘어놓았다. 족발집 사장님은 대기 손님을 응대하는 데 하루를 다 써야만 했다.

그러나 나우웨이팅 서비스를 도입한 이후 족발집 근처는 이전에 비해 훨씬 깨끗하고 조용해졌다. 매장에서 고객으로 이 서비스를 경험한 업계 관계자들의 호평이 이어지면서 나우웨이팅은 전국 각지에 빠른 속도로 퍼지기 시작했다.

단순한 대기 서비스만 제공했다면 이렇게까지 흥행하지 못했을 수도 있다. 그런데 나우버스킹은 대기 고객을 관리하며 얻은 데이터를 점주들에게 제공한다. 일회성에 그치는 대기 고객 관리를 넘어 장기적인 고객 관리가 가능해진 것이다. IT 기술이 먼 나라 이웃 나라의 뜬구름 잡는 이야기가 아니라 당장 내 가게 운영에 큰 도움을 주니 기술에 해박하지 않은 가게 주인들도 나우버스킹을 마다할 이유가 없는 것이다.

예를 들어 경기도 용인시 한 인기 막국수집 고객 데이터를 보면 새로운 사실을 여러 가지 유추할 수 있다. 지난 8개월간 고객 관련 데이터를 뽑아보니 이 식당을 3회 이상 방문한 손님은 900명이 넘었다. 한 손님은 이 식당을 일곱 번이나 방문했다. 수기로 대기 리스트를 작성했다면 절대 알 수 없었을 것이다.

이 데이터를 확인한 막국수집 사장님은 3회 이상 식당을 찾은 손님들에게 무료 수육 쿠폰을 제공했다. 쿠폰을 받은 800명 중 500명은 식당을 다시 찾았다. 불특정 다수의 손님들에게 무작정 쿠폰을 뿌렸다면 이렇게 많은 손님이 식당을 다시 찾지는 않았을 것이다.

기다리는 시간에 따라 쿠폰을 제공하는 식당도 있다. 식당에 입장하기 전까지 10분 기다리면 1,000원, 20분 기다리면 2,000원 할인쿠폰을 제공하여, 대기 고객의 막연한 기다림을 기대감으로 바꾼 것이다. 이렇게 하면 맛은 있는데 기다리는 것 때문에 별로라는, 불평 가득한 평가가 점차 사라진다. 대신 대기 고객까지 신경 쓴 섬세함 때문에 재방문하고 싶다는 평가를 받을 가능성이 높다. 식당 앞에서 기다린 시간이 허송세월은 아니었다고 생각하게 되는 것이다.

대기업이
쉽게 따라할 수 없는 이유

나우버스킹은 영업을 통해 가맹점을 늘리지 않는다. 공짜로 한 번

○ 태블릿PC에 연락처를 입력하면 줄 서서 기다리지 않아도 된다

○ 입장할 차례가 되면 카카오톡으로 메시지가 온다

○ 매장 이용 고객 데이터가 누적된다

○ 다양한 매장에서 활용되는 나우웨이팅

아이템으로 사업에 접근하기보다 어떤 시장에서 어떤 문제를 해결할지에 대한 고민으로 사업을 시작하는 것이 성공에 가까워지는 길입니다.

써보라는 식의 영업 방식은 지속 가능하지 않다고 판단했기 때문이다. 오히려 나우웨이팅 서비스를 이용해본 점주들이 주변에 적극적으로 소개해주면서 가맹점이 자연스럽게 늘고 있다. 기술이 좋다고 오프라인 매장이 나우웨이팅을 선택한 것은 아니다. 이 서비스가 오프라인 공간을 잘 이해하고 존중했기 때문에 가맹점도 빠르게 늘었고, 나우웨이팅도 서비스를 계속 발전시킬 수 있는 것이다.

나우웨이팅을 성공시킨 나우버스킹이 연이어 내놓은 서비스는 '나우오더'다. 나우오더는 카카오톡으로 쉽게 메뉴를 주문하는 시스템이다. 고객 입장에서도 주문하기 편할 뿐 아니라 가게 입장에서도 주문 내역을 효율적으로 관리할 수 있다.

손님들의 대기·입장을 관리하고(나우웨이팅), 입장한 고객의 주문을 효율적으로 받았으니(나우오더) 그다음에 나올 수 있는 서비스는 어떤 것일까?

매장을 운영하는 이들에게는 식자재 관리, 직원 관리 등 관리해야 할 대상이 한두 개가 아니다. 나우버스킹의 고민과 지향점 역시 이런 점주들의 고민을 어떻게 해결할지에 초점을 맞춘다.

전상열 대표는 나우버스킹의 서비스를 대기업이라고 쉽게 따라 할 수는 없을 것이라고 단언한다. 외식업에서 말하는 효율성과 가치는 분야별로 다르기 때문에 대기업이 그간 음식점 관련 데이터를 꾸준히 축적해온 나우버스킹보다 더 잘 알 수 없다는 것이다.

떡볶이 가게는 어떻게 하면 한 명이라도 더 주문을 받을 수 있을지에 대해 고민하지만, 파인다이닝은 식자재의 품질을 최고로 잘 유지하고 예약을 효율적으로 관리하는 방법에 대해 고민한다.

나우버스킹과 같은 플랫폼은 해외에서도 크게 주목받고 있다. 미국의 레스토랑 관리 플랫폼 '토스트'와 중국의 '메이웨이부용덩(美味不用等)'도 고객 관리부터 매장 운영까지 식당 경영을 효과적으로 할 수 있게 도와주는 플랫폼으로 주목받고 있다. 특히 토스트는 매장 매출 분석, 주방 운영 시스템 등 식당 운영과 관련한 모든 솔루션을 한꺼번에 지원하는 플랫폼을 선보이면서 2019년 3월에 1억 1,500만 달러(약 1,365억 원) 규모의 투자를 유치하기도 했다.

나우버스킹도 2018년 4월, 카카오·세마트랜스링크 인베스트먼트 등으로부터 50억 원 규모의 투자를 유치했다. 전상열 대표는 "투자자들에게 얼마나 돈을 벌고 어떻게 손익분기점을 맞추겠다는 이야기를 일절하지 않았다. 그저 우리가 해결하고자 하는 사회 문제와 이를 해결하기 위해 얼마큼의 자본이 필요한지 상세히 설명했을 뿐"이라고 말했다.

아이템이 아닌
문제 위주로 접근하라

전상열 대표는 창업하기 전에, 5년 동안 창업을 위한 취업을 해왔다. 사업 밑천을 만드는 차원에서 스마일게이트, SBS, 앱디스코 등여러 분야의 회사를 다니며 다양한 경험을 쌓는 데 주력한 것이다.

그는 예비 창업자들에게 사업 아이템을 정해서 창업하지 말라고조언한다. 사업 아이템보다 더 중요한 것은 어떤 팀과 일하는지, 어떤 문제를 해결하고 싶은지에 대한 명확한 생각이다. 이 아이템 신박한데 한 번 도전해보자며, 아이템으로 사업에 접근하기보다 어떤 시장에서 어떤 문제를 해결할지에 대한 고민으로 사업을 시작하는 것이 성공에 가까워지는 길이라는 게 그의 생각이다.

대학생들이 만든 온라인 취미 플랫폼

클래스101

밀레니얼 세대들의
'넥스트 라이프'를 위하여

클래스101
2018년
고지연·공대선
130억

IOI

　　수많은 스타트업 중에서 어떤 회사를 소개해야 할지 결정하기는 쉽지 않다. 성장하는 회사를 소개할 때는 아무래도 긍정적인 면을 부각하기 마련인데, 그러다 보면 자칫 홍보로 오해받기 십상이기 때문이다. 그래서 가능하면 기업을 취재하기 전에 소비자 관점에서 해당 회사 제품이나 서비스를 이용해보곤 한다. 직접 경험한 제품이나 서비스가 만족스러우면 회사에 대한 호기심도 커진다. 반면 아무리 거창한 비전을 가진 회사라도 실제 상품이 별로면 더 알고 싶은 마음이 사라진다.

　　온라인으로 취미를 배우는 플랫폼 '클래스101'은 알면 알수록 꼭 한 번 써보고 싶다는 생각이 들게끔 하는 회사다. 클래스101 서비스를 이용하고 취재할수록 많은 소비자와 투자자들이 이 회사에 주목하는 데에는 이유가 있다는 생각이 들었다.

2018년 3월 서비스를 시작한 클래스101은 일러스트, 캘리그래피, 홈 트레이닝, 요리 등 다양한 취미 생활을 PC, 태블릿PC, 스마트폰을 통해서 배울 수 있는 사이트다. 수강 신청을 하면 각 강의에 필요한 준비물도 대신 준비해준다. 한 번쯤 배워보고 싶었지만 학원 갈 시간은 없고, 취미로 넥스트 라이프를 꿈꾸는 2534세대가 클래스101의 메인 타깃이다.

취미생활은 즐기고 싶은데 ─
다른 사람들과 함께하긴 싫어 ─

직접 인기가 많은 수업을 들어봤다. '핀든아트의 여행드로잉'은 수강생들의 만족도 99%, 수강 후기가 1,600개가 넘는 대표 인기 강의다. 그림 입문자들을 위한 여행 드로잉 수업인데 수강 기간은 20주, 수업 콘텐츠는 총 33개로 구성돼 있다. 이 수업은 단순한 그리기 수업이 아닌 여행 드로잉 수업이다. 그림은 그리고 싶지만 어떻게 시작해야 할지 몰라 막막했거나, 여행지에서의 멋진 풍경을 나만의 그림으로 그려보고 싶었던 사람들을 위해 여행지에서 빠르고 쉽게 그림 그리는 법을 알려준다.

수업을 다 들으면 총 21개의 그림을 그릴 수 있는데, 강의는 주제별로 디테일하게 나뉘어져 있다. '하늘 채색으로 그러데이션 익히기', '편의점에서 털어온 외국 과자 그려보기', '심플한 디자인의 숨은 라멘 맛집 그리기' 등을 동영상 강의로 배울 수 있고, 강의 후반부에는 강사가 직접 여행지에서 그림을 그리는 내용도 포함돼 있다.

수강 신청을 하면 필요한 교구 세트도 배송된다. 드로잉을 처음 배우는 이들을 위한 수채화 물감, 팔레트, 펜, 그림을 그릴 때 참고할 만한 수업 자료까지 포함돼 온라인 강의의 단점을 보완해준다는 느낌이 들었다.

클래스101이 잘되는 것을 보면 왜 젊은 세대가 '언택트(untact, 접촉하지 않는)' 문화를 선호하는지 이해할 수 있다. 언택트란 컨택트(contact)라는 단어 앞에 부정을 의미하는 접두어(un)를 붙인 신조어로, 얼굴을 마주하지 않거나 사람들과의 접촉을 최소화한 채 무언가를 구매하거나 소비하는 행위를 말한다. 클래스101 수강생은 다른 수강생과 부딪힐 일도 없고, 선생님과 군이 대화를 나눌 필요도 없다. 수업을 듣다 궁금한 점이 생기면 강사에게 질문을 남기면 된다. 내가 원하는 정도로만 다른 사람과 소통할 수 있으니 언택트를 선호하는 젊은 세대가 좋아할 수밖에 없다.

클래스101이 동영상 클립만 나열된 인터넷 강의라고 생각하면 오산이다. 수강 후기를 보다 보면 이 수업들이 왜 인기가 많은지 알 수 있다.

"퇴근하고 하루에 강의 하나씩 보고 따라하는데 그림을
하나씩 완성할 때마다 뿌듯해요."
"선생님이 피드백을 해줘서 어디가 부족한지 알 수 있어
서 좋아요."

온라인 강의이지만 숙제도 있고, 강사의 피드백도 받을 수 있다.
큰마음 먹고 결제하는 수업인 만큼 끝까지 수업을 들을 수 있도록
격려도 해준다. 오프라인 학원에 직접 가지 않아도 되면서, 오프
라인 학원에서 누릴 수 있던 점을 누릴 수 있다는 게 큰 장점인 듯
하다.

방구석에서 즐기는
원데이 클래스

클래스101에는 미술·음악·요리·캘리그래피 등 다양한 카테고
리에서 총 260여 개의 수업이 열린다. '공예' 카테고리를 선택하니
▶실버 주얼리 제작부터 판매까지 ▶햇살처럼 따뜻한 스테인드글
라스 ▶코바늘로 만나는 에어팟 케이스 만들기 같은 실용적이면서
도 이색적인 수업이 많았다. 언젠가 한 번쯤은 배워보고 싶었지만
주변에 배울 곳이 없었던 강의를 클래스101은 높은 품질의 강의

클래스101 사무실 문 앞에 붙어 있는
'클원에서 일 잘하는 법'

클래스를 수강하면 수업에 필요한
준비물을 편리하게 구입할 수 있다

SNS 셀럽의 클래스도 방 안에서 들을 수 있다

콘텐츠로 만들어내고 있었다.

외식업으로 창업할 생각은 있는데 주변에 물을 곳은 없고 도움받을 곳도 없는 이들에게 온라인 멘토도 연결해준다. 연예인이자 사업가인 홍석천 씨의 '실패를 줄이는 my 외식업 스토리' 수업이 그렇다. 외식업에 관심이 많은 사람들을 위해 ▶타깃 설정하는 방법 ▶동선을 고려한 인테리어 ▶사람을 끌어당기는 메뉴 선정 ▶직원 관리와 손님 대응 등 식당 운영에 있어서 필수적으로 알아야 할 강의 콘텐츠를 총망라했다.

단순히 문화센터 같은 강의를 생각했다면 깜짝 놀랄 것이다. 커리큘럼, 강의 영상 퀄리티, 강사 피드백 등 알면 알수록 온라인 강의의 한계를 극복하기 위해 얼마나 고심했는지 알 수 있다.

이 정도의 서비스를 구상하고 만들 정도면 이 분야에서 꽤 경력이 있는 사람이겠거니 하겠지만, 클래스101은 울산과학기술원(UNIST) 학생들이 의기투합해 만든 회사다. '학생=아마추어'라는 편견을 확실하게 깨주는 지점이다.

클래스101의 고지연 대표는 4학년에 재학 중인 학생으로, 고지연 대표를 비롯해 총 8명의 학생이 힘을 합쳐 회사를 설립하고 서비스를 구상했다. 이들은 신규 서비스가 무엇이든 아래 세 가지 조건을 무조건 충족시켜야 한다고 생각했다.

① 우리가 쓰고 싶었던 애플리케이션

② 빠르게 크되 지배적인 1등이 없는 시장이어야 할 것

③ 우리의 비전과 맞닿아 있을 것

클래스101이 주목한 타깃은 퇴근 이후의 시간을 활용하고 싶어 하는 젊은 직장인들이었다. 특히 주 52시간 근무제가 시행되면서 사람들은 일 이외에도 성장에 많은 관심을 가졌다. 이들에게는 '나도 뭔가 잘하는 게 있을 텐데', '나도 뭔가 열정을 느낄 만한 분야가 있을 텐데'라는 생각을 실천으로 옮기게 해줄 무언가가 필요했다. 동시에 밀레니얼 세대는 비효율적인 것을 싫어하기 때문에, 나와 맞는지 아닌지를 판단할 때 비교적 장벽이 낮은 온라인에서 시작하고 싶어 한다. 그런 측면에서 온라인 클래스는 진입 장벽이 낮고, 실패해도 오프라인에 비해 효율적인 실패다.

클래스101은 사람들의 꿈을 실현하는 데 도움을 주는 것을 회사의 비전으로 정하고 이를 위한 강의를 하나씩 런칭했다.

우리 집에서 ─
인도의 정통 요가 클래스를 ─
들을 수 있다면 ─

클래스101은 '넥스트 라이프'를 꿈꾸는 이들의 니즈를 제대로 저

격했다. 현재까지 총 140만 명이 수업을 들었고, 450개의 수업이 진행되고 있다(2020년 1월 기준).

남다른 콘텐츠 개발에는 남다른 노력이 필요했다. 뻔한 수업을 만들지 않기 위해서는 사람들의 니즈를 정확히 찾아야 한다. 그래서 데이터를 기반으로 MD가 크리에이터와 소통하면서 크리에이터의 가장 매력적인 요소이면서 사람들이 듣고 싶어 하는 내용을 클래스 콘텐츠로 만든다. 물론 폐강되는 클래스도 있지만 그것조차 데이터가 된다. 클래스101은 망설임 없이 강의를 만들고 시장의 목소리를 듣는다.

학생들이 시작한 젊은 회사답게 신선함을 유지하기 위한 사내 문화도 필수다. 클래스101 사무실은 공기부터 다르다. 킥보드를 타고 돌아다니는 팀원도 있고, 시끄러운 음악 소리도 곳곳에서 들린다. 얼핏 보면 노는 것 같아 보이지만, 알고 보면 열심히 일한다. 개개인이 목표를 정하고, 그 목표를 달성하기 위해 주도적으로 업무해나가기 때문이다.

여기서는 '라떼는(나 때는) 말이야'가 통하지 않는다. 나이, 직급에 상관없이 구성원들끼리 서로 반말을 하는 게 독특한 문화이기 때문이다. 한 번은 클래스101 직원들과 함께 식사를 한 적이 있는데, 나를 제외한 모두가 서로에게 반말을 자연스럽게 쓰는 것이 너무 신기했다. 천세희 부대표는 40대 후반인데, 입사한 지 얼마 되지 않은 23세 직원이 찾아와 "벨라(부대표의 영어 이름), 나 요즘 일의 의미를 모르겠어"라는 고민을 토로했다고도 한다.

사무실 문 앞에는 '클원에서 일 잘하는 법'이 붙어 있다. 거기에는 '남에게 내 일을 기억하게 하지 말자', '아침에는 메일이 아니라 투 두 리스트(To Do List)를 보자', '커뮤니케이션은 아름답지 않다', '내 업무를 기다리고 있는 사람이 있다면 그 일부터 처리하자' 등의 내용이 쓰여 있다.

클래스101은 2019년 4월 소프트뱅크벤처스, 미래에셋벤처투자, KT인베스트먼트, 스프링캠프, 스트롱벤처스로부터 120억 원 규모의 투자를 유치했다. 누적 투자 금액은 130억 원이다. 투자사들은 취미 생활과 온라인 플랫폼을 결합하여 시장을 개척하고, 기틀을 닦고, 1위를 선점한 클래스101의 성장력을 높이 평가한 것이다.

급성장 중인 클래스101은 글로벌 도약을 준비하고 있다. 앞으로는 영어 클래스와 일본어 클래스뿐 아니라 한국에서 일본 초밥 장인의 클래스를, 하와이 현지인에게 훌라 댄스 클래스를, 글로벌 힙합 프로듀서에게 프로듀싱 클래스를, 인도의 유명 요기에게 정통 요가 클래스를, 전 세계 작가들의 글쓰기 클래스를 들을 수 있을 것으로 보인다.

국내 1위 화장품 정보 애플리케이션

화해

돈 냄새 안 나는 진짜 후기로
똑똑한 소비자를 만든다

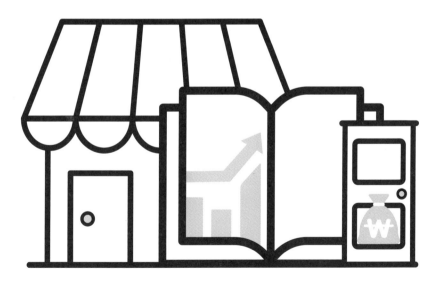

"이 포스팅은 ○○로부터 제품과 소정의 원고료를 지원받아 주관적으로 작성하였습니다."

"이 리뷰를 작성하며 브랜드로부터 제품을 제공받았습니다."

새 화장품을 사기 위해 찾아본 블로그 후기 10개 중 8~9개는 대부분 이 같은 문장으로 끝난다. '뭐야, 광고였네?' 지금까지 읽은 글이 광고였다는 것을 알려주는 반전 같은 마지막 한 문장이 보이면 후기에 대한 신뢰도는 크게 떨어진다. 이런 후기는 결국 후기로 포장된 광고이기 때문이다.

최근 SNS에 넘쳐나는 각종 상품 후기들은 대부분 일반인이 기업으로부터 해당 아이템을 제공받거나 원고료 명목으로 비용을 지원받아 쓰는 광고성 콘텐츠다. 애당초 홍보를 위한 콘텐츠이기 때문에 화장품을 실제로 사용해보고 느낀 장단점이 아닌 장점 위주의 광고성 후기로 빼곡히 채워진다. 그렇다 보니 진짜 정보를 찾던 소비자들은 상품 후기를 읽으면서도 이게 정말 순수하고 솔직한 후기인지, 돈을 받고 쓴 상업성 콘텐츠인지 끝없이 의심하게 된다.

2013년 서비스를 시작한 국내 최대 모바일 화장품 정보 제공 플랫폼 '화해'는 솔직한 화장품 후기를 찾는 20~30대 여성들에게 필수로 자리 잡은 애플리케이션이다. 화장품 시장의 정보 비대칭 문제를 해결하고, 소비자가 중심이 되는 화장품 시장을 만든다는 미션을 내세우면서 출시 이후 누적 다운로드 수 860만 회, 월간 활성 이용자 수 130만 명을 기록하고 있다. 그 결과 화해에는 화장품 후기 500만 건과 화장품 정보 158,000여 건이 모여 있다.

화해의 이웅 버드뷰 대표가 처음 사업을 구상할 때 주목한 것은 화장품 성분이었다. 남성들은 노트북 하나를 구매할 때 몇 달씩 스펙을 비교하고 가격을 알아보는데, 여성들이 많이 구매하는 화장품의 스펙은 무엇인지 궁금해진 것이다. 화장품은 성분이 곧 스펙인데, 전문 용어로만 가득한 화장품 성분은 사실 일반인들이 웬만큼 공부해선 정복할 수 없는 영역이다. 나에게 잘 맞는 화장품과 잘 맞지 않는 화장품을 구분하기 위해서는 화장품 성분을 공부해야 하는데, 이런 정보를 제공해주는 곳이 없는 것도 문제였다. 그때만 해도 전문성을 내세우는 몇몇 뷰티 블로거들이 네티즌들을 상대로 화장품 성분에 대해 컨설팅하는 정도였다.

이웅 대표가 원래 구상했던 사업은 남성들을 위한 화장품을 추천해주는 화장품 큐레이션 서비스였다. 그러다가 화장품 성분과 제품 정보를 분석해서 소비자 모두에게 알려주는 서비스를 만들기로 사업 방향을 선회했다. 화장품 성분에 대한 제대로 된 정보를 제공하고 이를 서비스로 친절하게 구현하면 소비자들의 호응을 얻을 수 있을 것이라고 확신한 것이다.

리뷰의 신뢰성이 ─
서비스에 대한 신뢰로 ─

서비스 런칭을 준비하면서 이웅 대표는 소비자들이 궁금해할 만한 화장품 3,000개에 대한 제품 성분을 모으기 시작했다. 화장품 회사 홈페이지는 물론 백화점 매장에 가서 직접 화장품 성분을 메모하기도 했다. 이런 준비 과정을 거쳐 2013년 7월, 화해의 안드로이드 버전이 처음 시장에 출시됐다.

화해의 주요 서비스는 화장품 리뷰와 성분 정보를 포함한 화장품 제품 정보, 뷰티·쇼핑·콘텐츠, 각종 어워드, 이벤트 등이다. 화장품과 관련한 다양한 서비스를 제공하고 있지만 뭐니 뭐니 해도 화해를 대표하는 서비스는 신뢰도 높은 화장품 리뷰다.

신뢰도 높은 후기를 모으는 것은 버드뷰가 화해를 런칭한 초창기부터 지금까지 최우선으로 여기는 과제다. 후기에 대한 신뢰도가 떨어지는 순간 화해에 대한 신뢰도 떨어지기 때문이다.

화해는 상업적인 후기, 불순한 의도를 가진 후기, 화장품 회사가 직접 작성한 후기 등을 자체 개발한 알고리즘과 엄격한 모니터링을 통해서 걸러내고 있다. 하루에 리뷰만 4,000개 이상 올라오는데, 정보 등록과 검수를 담당하는 전담 팀에서 알고리즘이 일차적으로 필터링한 리뷰들을 다시 한 번 일일이 검수한다. 계속해서 문제가 되는 브랜드와 제품은 블랙리스트로 등록해 해당 기업에 시정해달라고 요구하기도 한다. 이용자들이 리뷰를 작성할 때도 좋은 점과 함께 아쉬운 점도 반드시 기록하게 했는데, 장단점 모두 기재하니 신뢰도 높은 후기가 많아졌다. 또 일부 이용자만이 아니라 다수의 이용자가 리뷰를 작성할 수 있도록 했고, 이용자가 리뷰를 보기 위해서는 무조건 한 개 이상의 리뷰를 작성해야 한다.

그래서인지 화해에 올라오는 리뷰는 생생하고 상세하다. 좋았던 점과 아쉬운 점은 각각 5,000자까지 쓸 수 있는데 빼곡히 채워서 길게 쓰는 사람도 많다. 그동안 써온 같은 화장품을 여러 개를 모아놓은 인증샷도 쉽게 볼 수 있다. 광고성 콘텐츠에서는 절대 볼 수 없는 사진이다. 이용자가 자신의 연령, 피부 타입 등을 설정하면 나와 비슷한 피부를 가진 사람들의 후기만 모아서 확인할 수도 있다.

광고성 콘텐츠에서는 절대 볼 수 없는
생생한 사용자 후기

화장품 후기 500만 건,
화장품 정보 158,000여 건이 모여 있는
화해 애플리케이션

성분으로 검색하여
내 피부에 맞는 화장품을 찾을 수 있다

점점 똑똑해지는 소비자들 ─
어떻게 만족시킬 수 있을까 ─

화장품 성분을 이용자들에게 쉽게 전달하는 것도 화해의 장점이다. 어떤 성분이 내 피부와 잘 맞는지 알 수 있어서, 광고에 의존하기보다 성분을 꼼꼼히 따져서 구매하는 문화를 만들고 있다는 평가도 받는다.

화해가 초창기부터 소비자들에게 꾸준히 신뢰를 얻을 수 있던 이유는 '선택과 집중' 전략 덕분이다. 회사는 서비스 초기에 화장품 성분과 리뷰 데이터를 모으고 사용자 의견을 반영해 서비스 기능을 개선하는 데 집중했다. 이용자들의 만족도를 높이기 위해서 제일 중요한 것은 결국 이용자들의 피드백이었다. 서비스가 출시된 2013년에는 애플리케이션 첫 화면에 '문의하기' 버튼을 제일 크게 띄웠다. 이용자들의 진짜 솔직한 피드백이 필요했기 때문이다. 회사는 6개월간 매일 올라오는 의견 100~200건을 일일이 확인, 정리하고 애플리케이션을 업데이트하는 데 집중했다.

고생 끝에 낙이 온다고 했던가. 시간이 지날수록 서비스에 대한 이용자들의 만족도가 높아졌다. 후기가 갈수록 느는 선순환이 이어지면서 화해는 화장품 소비자들 사이에서 입소문을 타기 시작했다.

화해 랭킹은 이처럼 누적된 리뷰와 평점을 기준으로 선정된다. 연령, 카테고리, 성별, 피부 타입 등을 기준으로 분야별 화장품 순위가 매겨진다. 또 1년에 두 번 화장품 리뷰 데이터를 분석해 우수 제품을 뽑는 '화해 뷰티 어워드'를 개최하는데, 화장품 회사들은 화해의 신뢰도를 높이 평가해 어워드 결과를 마케팅에 활용하기도 한다.

2017년 버드뷰는 화해에서 바로 화장품을 구입할 수 있는 기능을 추가했다. 이용자로서는 화해 애플리케이션에서 화장품에 대한 정보를 확인하고 후기·랭킹까지 살펴본 뒤 쇼핑까지 할 수 있게 된 것이다. 다만 기존 온라인 쇼핑과는 다른 점이라면 아무 화장품이나 입점할 수 없다는 것이다. 후기와 평점 등을 종합적으로 분석하여 사용자들에게 사랑받은 제품만이 입점하여 판매할 수 있다. 그 결과, 화해 쇼핑은 런칭 후 2년 만에 누적 거래액 300억 원을 돌파했다.

본질에 집중하는 것으로도 ──
성장할 수 있다 ──

버드뷰는 두 차례에 걸쳐 투자받았다. 2018년 9월에는 50억 원 규모의 투자를 유치했다. 이웅 대표는 "자기 자신이 믿지 못하는 이야기는 하지 말고, 거짓말도 하지 말고, 뻥튀기도 하지 말고, 너무 앞서가지도 않기로 했다"고 말했다. 투자자 입장에서 재미없거나 패기 없는 말이라고 느낄 수도 있겠지만, 버드뷰는 본질에 집중하며 건강하게 성장하는 점진적 방법을 택했다. 그럼에도 불구하고 매년 두 배 이상 성장해왔다. 버드뷰는 이 같은 투자금을 바탕으로 훌륭한 인재들을 채용하고, 더 많은 데이터를 모으고, 플랫폼을 확장시키는 데 집중하고 있다.

버드뷰가 지향하는 목표점에는 '똑똑한 소비자'가 있다. 똑똑한 소비자란 예전부터 흔히 쓰였던 '손님이 왕이다'의 21세기 버전이다. 똑똑한 소비자를 잘 모셔야 서비스가 계속 성장할 수 있기 때문이다. 소비자가 똑똑해지면 공급자(화장품 회사)도 똑똑해지고, 공급자가 똑똑해지면 좋은 화장품이 나오고, 좋은 제품이 나오면 한국 화장품 시장의 경쟁력이 더 생긴다. 버드뷰가 소비자를 더 똑똑하게 만들고자 하는 이유다.

법칙

2

지금이 아닌
10년 후를
타깃으로 하라

누구나 고수가 될 수 있는 서비스

숨고

긱 이코노미 시대,
일과 직업에 대한 정의를
바꾸다

\# 브레이브모바일
\# 2014년
\# 김로빈
\# 176억

2017년 6월 인도네시아 발리에
디지털 노마드와 공유 오피스를 취재하러 간 적이 있다. 관광 도
시로 유명한 발리에는 전통적인 직장, 근무 개념을 탈피해 유목민
처럼 일하는 사람들이 여러 공유 오피스에 모여 있었다. 프랑스에
서 날아온 프리랜서 번역가, 호주의 한 회사에 다니고 있지만 원격
으로 일하는 개발자, 강의가 없는 여름 방학을 맞이해 논문을 쓰는
한국의 대학 교수까지…. 이들은 한적한 풍경을 바라보며 각자 일
을 하고, 함께 요가를 하고, 때로는 한데 모여 당시 유행하던 비트
코인에 대해 토론했다. 발리는 이미 디지털 노마드의 성지였다. 평
생직장, 사무실 책상 같은 개념에 갇혀 있다면 생각할 수 없는 라
이프스타일이지만 '긱 이코노미(gig economy, 빠른 시대 변화에 대응하

기 위해 비정규 프리랜서 근로 형태가 확산되는 경제 현상)'는 이미 빠른 속도로 퍼지고 있었다.

최근 수년 사이에 일과 고용의 형태가 크게 바뀌면서 긱 이코노미가 현대 사회를 설명하는 주요 키워드로 떠오르고 있다. 긱 이코노미에서 초단기 노동을 하는 사람들을 '긱 워커'라고 하는데, 직업은 한 사람당 한 개라고 생각했던 관념을 깨고, 다양한 일을 통해 수입을 창출하는 경우도 많다. 한국에서만 쓰는 표현이지만 'N잡러(직업이 N개인 사람)'라는 표현도 '긱 워커'랑 일맥상통한다.

이 같은 경제 양상은 모바일과 디지털 플랫폼의 발달과 속도와 방향을 같이한다. 덕분에 이제는 사람들이 자신의 노동력과 직업을 온라인으로 쉽게 교환하고 거래할 수 있는 세상이 된 것이다.

전문 서비스 매칭 플랫폼 '숨고'는 이 같은 긱 이코노미, 긱 워커들에게 최적화된 플랫폼이다. 전문 서비스 매칭 플랫폼이라고 하니 너무 어렵고 멀게 느껴지지만, 숨고는 이름보다 훨씬 가깝고 편리하게 일상생활에 스며든 서비스다.

'숨은 고수'의 줄임말인 숨고는 인테리어·학습·미용 등 다양한 서비스를 원하는 소비자와 노동을 제공할 수 있는 전문가(고수)를 온라인상에서 매칭해주는 서비스다. 현재 숨고에 등록된 고수는 35만 명, 누적 가입자 수는 220만 명, 누적된 견적 요청서는 320만 건이 넘는다. 고수를 찾을 수 있는 분야는 700가지가 넘는다(2020년 3월 기준).

누구나 N잡이
가능한 세상

이용자들이 숨고에서 숨은 고수를 찾는 방법은 간단하다. 일단 자신이 원하는 서비스 분야를 선택한다. 내가 찾는 고수의 조건을 상세하게 선택해야 진짜 필요한 고수를 찾을 수 있다. 예를 들어 비즈니스 영어를 배우고 싶다고 선택하면 ▶수업 빈도 ▶회당 수업 시간 ▶수업 듣고 싶은 요일, 시간대 ▶원하는 학습 분야(말하기, 문법·어휘, 쓰기 등) ▶학습 후 활용 분야(회의, 전화 통화, 이메일 등)까지 선택해야 한다. 대충 영어를 어느 정도 하는 사람을 권해주는 것이 아니라 진짜 내 상황과 조건에 딱 맞는 사람을 매칭해주는 것이 핵심이다.

고수가 되는 것도 어렵지 않다. 따기 힘든 자격증, 고난이도의 기술이 있어야만 하는 것은 아니다. 나만의 기술과 재주가 있다면 누구나 고수가 될 수 있다.

숨고의 비즈니스 모델은 고수들이 이용자들에게 견적서를 보낼 때 사용해야 하는 크레딧(건당 1~8크레딧, 1크레딧은 1,000원)에 기반을 두고 있다. 대신 이용자는 서비스를 이용하면서 돈을 지불할 필요가 전혀 없다.

나도 숨고를 통해 숨은 고수들을 종종 만난 경험이 있다. 20년 된 서랍장의 서랍 칸이 고장 나서 가구 수리 전문가를 찾았다. 그

때 매치된 중년의 고수는 주말과 평일 저녁에 두 번이나 와서 수리해줬는데, 알고 보니 낮에는 백화점에서 공예품을 판매하는 직원이었다. 여러 개의 직업을 가진 'N잡러'라는 말이 일부 밀레니얼 세대에만 한정된 것은 아니었다. 숨고에서 만난 고수의 프로필을 눌러보니 가구 수리는 물론 맞춤 가구 제작까지 가능한 분이었다. 본인의 재능을 토대로 직업의 의미를 확장시킨 것이다.

나이가 많아도 재주가 있다면

숨고가 지향하는 주요 3대 가치 중 하나는 공정성이다. 공정한 방식으로 내 실력과 능력에 맞는 기회를 얻는 것을 지향한다. 자본이 뒤쳐지는 프리랜서, 영세업자들이 온라인에서 자신을 세일즈 하는 일은 결코 쉽지 않다. SNS에 광고할 수도 없고, 포털에서 비싼 광고비를 지불하는 것도 부담스럽다. 그러나 숨고 플랫폼은 모든 고수들에게 똑같은 기회를 준다.

그다음 가치는 유연성이다. 이용자와 고수 양쪽 모두 내 스케줄과 예산에 맞는 사람을 골라 상대방을 선택할 수 있다. 좋은 선택을 할 수 있게 보조해주는 것은 플랫폼의 역할이다.

용이성도 주요 가치다. 사용하기 쉬워야 한다는 것은 숨고가 서

내가 원하는 분야의 고수를 쉽게 찾을 수 있는 숨고 서비스

고수의 조건을 상세하게 선택해야
진짜 필요한 고수를 찾을 수 있다

꼼꼼한 후기를 통해 검증된 고수를
직접 선택할 수 있다

비스를 시작한 이후 계속 지켜온 가치다. 스마트폰 애플리케이션으로만 이용할 수 있는 서비스이지만 숨고를 찾는 이용자 중에는 40~50대가 많다. 중년이 주요 서비스 타깃이 될 수밖에 없는 것은 서비스를 이용하려면 돈을 적지 않게 지불해야 하기 때문이다. 그리고 이 비용의 단위가 적게는 수만 원부터 수백, 수천만 원을 호가하는 경우도 많다(인테리어가 대표적인 예다). 숨고에서 인기가 많은 각종 일대일 수업도 꾸준히 들으면 적지 않은 비용이 든다.

숨고를 운영하는 브레이브모바일은 김로빈 대표가 2014년에 창업한 회사로, 어렸을 적 미국에서 식당과 세탁소를 운영하던 부모님을 보면서 창업을 결심했다. 그는 한국에서는 일에 대한 가치관이 획일적이어서 대기업을 다녀야 인정받고, 그렇지 않으면 뒤떨어지게 보는 시선이 문제라고 생각했다. 겉으로 보이는 스펙을 뛰어넘어 다양한 사람들이 다양한 기회를 가졌으면 하는 마음에 창업을 결심한 것이다.

시간은 없지만 —
돈은 있다 —

미국에서 대학을 졸업하고 2007년에 한국에 들어온 그는 한때 대기업에서 근무하기도 했지만 머지않아 본격 창업가의 길로 나섰다. 2011년 당시 28세였던 김로빈 대표는 배달 서비스 '요기요'를 운영하는 알지피코리아를 공동 창업해 성공했다.

김로빈 대표가 첫 성공에 도취되지 않고 그다음 창업을 준비한 것은, 창업을 하면서 시대의 흐름과 타이밍에 대한 중요성을 간파했기 때문이었다. 당시 한국에선 O2O(Online to Offline, 온라인 기반 오프라인 서비스) 시장이 폭발적으로 성장하고 있었는데 청소, 외국어 등 각 분야별 전문가를 최대한 많이 모으고, 이들을 고객과 이어주는 서비스를 만들면 시장에서 통할 것이라고 판단했다.

그는 자기계발에 관심이 유달리 많은 한국인에게 각종 학습에 대한 니즈도 매우 클 것이라고 판단했다. 학원에 갈 시간은 없지만 기꺼이 자기 발전을 위해 과외비 정도는 쿨하게 쓸 수 있는 게 요즘 세대의 열정이기도 하다. 이런 판단은 정확했다.

숨고는 회사가 설립되자마자 투자자들의 관심을 받았다. 회사 설립 이듬해부터 프라이머, 본엔젤스 등으로부터 투자를 연달아 유치했고, 2019년 6월에는 125억 원 규모의 투자도 유치했다.

2017년 미국 실리콘밸리의 유명 투자·육성 기관인 와이콤비네이터에 국내 스타트업으로는 다섯 번째로 입성했다. 약 200대 1의 경쟁률을 뚫고 와이콤비네이터에 선정되면 12만 달러(약 1억 5,000만 원)의 시드머니를 투자받고, 3개월 동안 스타트업 육성 교육을 받는다. 와이콤비네이터가 투자해 성공한 기업들로는 공유 숙박 플랫폼 에어비앤비, 클라우드 서비스 드롭박스 등이 있다. 여기에 선정됐다는 사실만으로도 성장 가능성을 인정받기도 한다.

나는 매번 소비자로 숨고를 이용했지만, 이제는 고수로 참여할 방법이 없을지 고민하고 있다. 내가 고수에게 도움을 받았던 것처럼, 나도 누군가에게 고수가 될 수도 있겠다는 생각이 들었기 때문이다.

평균 수명은 갈수록 늘고 있는데, 아이러니하게도 '평생 직업'이란 개념은 점차 사라지고, 나인 투 식스로 출근하는 사람, 사무실에서 일하는 사람도 계속해서 줄어든다. 숨고에서 만난 전문가들을 보면 직업이라는 것이 꼭 사무실을 필요로 하는 것도, 자격증을 필요로 하는 것도 아니라는 것을 알게 된다. 그런 관점에서 숨고는 '일과 직업에 대한 정의는 어떻게 바뀌어야 하는가'에 대한 질문을 던져주는 멋진 서비스다. 독자들도 숨고에서 자신의 재능과 가능성을 찾아보면 어떨까.

23,000개 상품으로 여행 트렌드 바꾸는
마이리얼트립

자본금 1,000만 원으로 시작해
업계 1위 노리는
게임 체인저

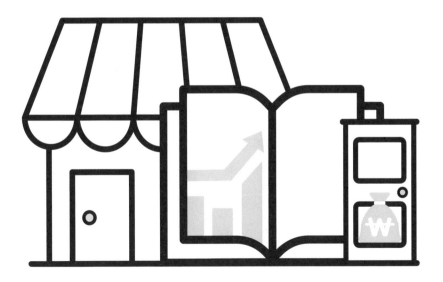

마이리얼트립
2012년
이동건
300억

myreáltrip

　　　　　　　　　　　　모처럼 연차 내고 거금의 비용을 투자해 준비한 해외여행. 출국부터 귀국까지 깃발 쫓아다니는 패키지여행은 답답하고 싫다. 그렇다고 한 번도 가본 적 없는 타국에서의 자유여행은 자신이 없다. 관광객들이라면 으레 다 가는 명소 말고, 인생 사진도 찍고 의미도 있는 나만의 여행을 가고 싶다….

　여행 좀 가봤다 하는 사람들이라면 누구나 한 번씩 하는 생각이다.

　갈수록 해외여행이 보편화되면서 사람들은 이제 단순히 '여행을 다녀왔다'는 사실에 의미 부여하기보다 여행 콘텐츠 자체에 관심을 쏟고 있다. 여행만큼은 가성비보다 '나심비(가격에 상관없이 자기만족을 최우선으로 고려하는 트렌드)'를 중요하게 여기는 분위기도 있다.

　〈꽃보다 청춘〉, 〈더 짠내투어〉, 〈배틀트립〉 등 급격히 늘어난 자유여행 프로그램은 소비자들이 스스로 새로운 여행 콘텐츠를 발굴하게끔 자극했다. 기존 여행사 상품으로는 성이 차지 않는 이들에게 자유여행 상품 중개 플랫폼 '마이리얼트립'은 새로운 선택지를 제공했고 이는 제대로 먹혔다.

패키지는 싫고,
특별한 여행은 하고 싶고

마이리얼트립은 빠른 속도로 바뀌는 여행업의 트렌드를 일찌감치 간파한 기업으로, 전 세계 약 750개 도시에서 현지 가이드, 액티비티, 입장권, 교통 패스, 숙박, 렌터카 등 각종 여행 상품 23,000개를 판매하고 있다. 2018년부터는 항공권 예약 서비스와 숙박 서비스도 시작했다. 2019년 마이리얼트립에서 거래된 금액은 3,600억 원, 2020년 1월에는 사상 최대 월 거래액 520억 원을 돌파했다. 지금까지 마이리얼트립으로 여행한 사람만 750만 명이 넘는다.

마이리얼트립의 주 고객은 패키지여행과 자유여행의 장점만 골라서 나만의 여행을 만들고 싶어 하는 이들이다. 회사 이름처럼 '진짜 제대로 된 여행'을 만들고 싶은 소비자들이 타깃인 것이다.

2018년 한국에서 해외여행을 떠난 국민은 사상 최초로 2,800만 명을 돌파했다. 숫자만 보면 전 국민의 절반 이상이 지난 1년간 해외여행을 다녀온 셈이다. 2012년(1,300만 명)보다 두 배 이상 늘어난 수치인 것도 흥미롭다.

예전보다 여행의 기회가 많아졌고 가는 횟수가 늘어나니 사람들은 가던 곳을 또 가게 된다. 예를 들어 일본 오사카에 세 번째 간다고 하면, 처음은 패키지여행이었다 해도 두 번째, 세 번째는 자유여행이다. 젊은 사람만 자유여행을 간다는 것도 선입견이다. 마이리얼트립의 고객 중 50~60대의 비율은 10%가 넘는다.

회사가 커지면서 이제는 여행 포털로 자리매김하고 있지만 마이리얼트립에서 가장 많은 비중을 차지하는 상품은 여행지의 특색에 맞춘 '투어 앤드 액티비티'다. '2박 3일 요세미티 공원 캠핑', '미국 대학 입시 전문가와 함께하는 스탠퍼드대 투어', '품격 있는 부다페스트 인문학 야경 투어' 등 상품 이름부터 예사롭지 않다.

예를 들어 '바르셀로나 사는 건축 디자이너의 구도심 재생 투어'라는 상품(2020년 3월 기준 1인당 56,000원)은 스페인 바르셀로나에 살고 있는 한국인 건축 디자이너와 함께 람블라스 거리, 라발 지구 등 대형 건축물과 골목을 3시간 동안 함께 구경하는 투어 프로그램이다. 빡빡한 일정에 겨우 20분 남짓한 자유 시간만 주어지는 패키지여행과는 느낌이 완전히 다르다.

당장 내일 날짜로 예약할 수 있는 것도 장점이다. 무턱대고 비행기 티켓과 숙소만 예약하고 온 여행객도 스마트폰으로 언제든 원하는 일정에 예약할 수 있다. 현지에 도착한 이후에도 끝없이 스마

트폰으로 현지 맛집, 관광 명소를 검색하는 젊은 세대에게 마이리
얼트립은 비장의 여행 무기다.

타깃과 타이밍이
전부다

2012년 문을 연 마이리얼트립은 차별화된 여행 콘텐츠로 창업 6년
만에 국내 8위 여행사로 올라섰다. 그런데 업계에서는 '8위'라는
숫자보다 더 큰 존재감을 자랑하는 듯하다.

이동건 대표는 자본금 1,000만 원으로 마이리얼트립을 세웠다.
대학생 때 이미 창업을 했다가 쓴맛을 본 그는 졸업을 앞두고 다시
한 번 창업에 도전한다. 독일에서 교환 학생을 한 것과 유럽 여행
경험이 사업 아이템의 원천이 됐다.

마이리얼트립이 창업한 시기는 마침 패키지 위주에서 자유여행
으로, 여행 시장의 패러다임이 바뀌던 때였다. 기존 패키지여행 상
품은 변화하는 여행의 트렌드를 제대로 반영하지 못했다. 관광지
중간중간 가이드나 여행사와 협력 관계에 있는 쇼핑몰에 들러야
하고, 현지 특식을 제공한다면서 성에 안 차는 식사가 나오는 경우
도 다반사였다. 여행사의 특색이 보이지 않는 똑같은 여행 코스도
매력적이지 못했다.

●바르셀로나 사는 건축 디자이너의 구도심 재생 투어 상품

●현재 마이리얼트립에 올라와 있는 후기는 87만 개가 넘는다

"사실 여행자들이 항공이나 숙박 정하는 것은 어려워하지 않아요. 현지에서 일정 짜는 것을 더 어려워하고 또 기존 여행사들에 불만도 많은 부분이죠. 큰 회사들이 잘 못하고 있고, 고객들이 불편해하는 부분이 있으니까 그 점에 사업 가능성이 있다고 판단했습니다."

이동건 대표는 패키지여행에 익숙한 현지 가이드를 포섭하기 위해 세계 각국을 직접 발로 뛰어다녔다. 독일에서는 한인 민박집부터 현지 가이드까지 모두 찾아갔고, 한인회를 통해 설명회도 열었다. 교환학생 시절, 유학생들이 한인 인터넷 커뮤니티를 통해 통역 아르바이트를 구했다는 점에 착안해 전 세계 한인 커뮤니티를 통해서도 가이드를 모집했다.

사업 초기에는 시행착오도 많았다. 처음에는 유럽 도시별로 해외 가이드를 확보한 뒤 고객을 기다렸지만, 석 달 동안 지인을 제외한 손님은 단 한 명도 오지 않았다. 이동건 대표와 비슷한 20대 소비자를 타깃 고객으로 설정한 것이 패착이었다. 마이리얼트립을 선호한 고객층은 오히려 배낭여행을 준비할 시간은 없고 경제적 여유가 있는 30~40대들이었다.

여러 도시에 한두 개 상품을 뜨문뜨문 개발하는 것보다 프랑스 파리처럼 주요 관광 도시를 전략 도시로 정해 상품을 몰아서 개발하는 것도 방법이었다. 상품 개수가 늘어나고, 전통 여행사에서는 볼 수 없었던 이색적인 상품이 소비자들의 입소문을 타기 시작하면서 마이리얼트립은 빠르게 성장하기 시작했다.

이동건 대표가 생각하는 창업 성공 전략 중 하나는 '전장(戰場)을 잘 골라야 한다'는 것이다. 마이리얼트립은 전통 여행사들이 성공에 도취해 안주하고 있을 때 자유여행 분야를 재빠르게 선점했다. 사업의 성패를 좌우하는 가장 큰 요인 중 하나가 시장의 크기와 흐름이다. 마이리얼트립은 여행 시장이 커지고 있을 때 도전장을 냈다. 또 패키지여행에서 자유여행으로 바뀌는 업계의 패러다임 변화를 십분 잘 활용했다.

차별화된 여행 콘텐츠, 합리적인 가격, 간편한 예약 절차도 마이리얼트립의 성공 요인이다. 여행 상품을 고를 때 기본적으로 소비자들은 상품의 내용과 비용을 꼼꼼히 따지고, 타사 상품과도 적극적으로 비교한다. 주변 사람들의 평가나 인터넷 후기도 고려 대상이다.

여행을 다녀온 이용자들이 여행 상품과 가이드에 대해 남긴 후기는 선순환 구조를 만들었다. 소비자들은 상품을 고르기 전에 후기를 꼼꼼히 읽어본 후 고르고, 가이드는 소비자들의 후기를 참조해서 기존 패키지여행 상품과는 차별화되는 이색적인 상품을 개발한다. 그래서인지 마이리얼트립에 올라와 있는 후기만 87만 개가 넘는다.

자본금 1,000만 원에서
거래액 1조 원을 목표로

마이리얼트립은 2~3년 안에 거래액 1조 원을 돌파해 국내 최대 규모의 여행 회사가 되는 것이 목표다. 성장 속도만 보면 유니콘 기업(기업 가치 10억 달러 이상의 스타트업)이 되는 것도 시간문제다.

스타트업 업계에서도 마이리얼트립에 대한 관심은 매우 크다. 알토스벤처스, 스마일게이트인베스트먼트, 미래에셋-네이버펀드 등에서 투자받은 누적 금액만 300억 원이다.

마이리얼트립은 투자를 받았기 때문에 사업을 확장하는 것이 아니라, 사업을 확장하고 싶어 투자를 받았다. 이후 방대한 여행 상품 정보를 토대로 인공지능 기술을 도입해 최적의 여행 상품을 추천하는 기능도 도입할 예정인데, 넷플릭스에서 내 취향에 맞는 영화나 드라마를 추천해주는 것처럼 취향에 맞는 여행 상품을 추천해주는 식이다. 예를 들어 소비자 후기 분석을 통해 사진을 잘 찍는 현지 가이드를 찾아 셀카 찍기 좋아하는 여행객과 연결시킬 수도 있다.

2019년 1월 마이리얼트립에 총 170억 원의 투자를 주도한 알토스벤처스는 "국내 여행업에서 보기 드물게 탄탄한 정보기술 인력을 보유하고 플랫폼을 지속 발전시키고 있다는 점, 고객들에게 믿을 수 있는 여행 서비스로 인정받고 있다는 점에서 여행업의 패러다임을 바꿀 수 있을 것이라고 봤다"며 투자의 이유를 밝혔다.

이동건 대표는 투자자들에게 지나칠 정도로 솔직하게 사업 설명을 해왔다. 하지만 이런 과정을 통해서 신뢰를 쌓을 수 있었고, 그 결과 스마일인베스트먼트를 비롯한 여러 투자사들이 2~4번씩 마이리얼트립에 투자했다. 그는 "투자자들은 투자금 회수 같은 실리적인 부분보다 명분을 더 중요하게 생각한다"면서 투자자들에게 사업의 명분에 대해 강조해왔다고 말했다. 그리고 그렇게 성공 여부를 알 수 없었던 사업 초반에 투자를 받은 것이 지금의 마이리얼트립을 만드는 데 큰 도움이 된 것이다.

건강한 맞춤형 식단을 배송하는

닥터키친

암 · 당뇨 환자에게도
맛있게 먹을 권리는 있다

닥터키친
2015년
박재연
100억

불고기비빔밥, 훈제오리볶음, 바닐라아이스크림.

철저한 식단 관리가 생명인 암, 당뇨 환자들은 쉽게 도전할 수 없는 메뉴다. 우리 입맛에 달고 짠 맛있는 음식은 이들에게는 먹으면 안 되는, 피해야 할 음식으로 분류되기 때문이다. 면역력과 체력을 길러야 하는 암 환자와 매번 당뇨 수치를 신경 써야 하는 당뇨 환자들에게 건강하고 절제된 식사는 중요한 과제다. 하지만 집에서 매번 최적의 건강 식단을 챙겨 먹기는 어렵다. 건강이 1순위다 보니 음식을 먹을 때 맛을 따지는 것은 더더욱 사치다.

푸드 테크 스타트업 '닥터키친'은 당뇨, 암 질환 때문에 식이요법이 필요한 사람들에게 맞춤형 식단을 배달하는 서비스로 환자들 사이에서 이미 인지도가 높다. 2015년 7월에 설립된 이 회사는 '쉽고 즐거운 식이요법'을 지향하며 그간 580개의 메뉴를 개발해 왔다. 이렇게 개발한 메뉴는 반조리 식단, 도시락 등 다양한 형태로 만들어져 정기적으로 고객의 집에 배송된다.

맛있는 건강식, —
정말 가능할까? —

닥터키친의 주 고객은 암, 당뇨 등 각종 질환을 앓고 있거나 식이 요법이 필요한 사람들이다. 고객들은 온라인으로 맞춤형 식단을 신청할 수 있는데 식단은 ▶하루에 관리하고자 하는 끼니 수(한 끼/ 두 끼) ▶관리하고자 하는 기간(2주/4주/8주/12주) ▶밑반찬 포함 여부 ▶선호하는 밥 종류(서리태 밥/귀리밥/현미밥)에 따라 달라진다.

하루에 두 끼, 2주간 식단을 신청하면 약 25만 원 정도가 든다. 적지 않은 비용이지만 환자 본인이나 가족이 매번 직접 재료를 사 서 요리하면 훨씬 더 많은 비용과 품이 든다.

환자들에게는 건강만큼이나 편리함도 중요하다. 예를 들어 연두 부버섯들깨탕이 오늘의 메뉴라면 포장된 연두부, 들깻가루, 돼지고 기, 채소, 버섯이 각각 소분돼 집에 배송된다. 동봉된 종이에는 조 리법과 함께 영양 성분이 자세히 설명돼 있고, 5~10분 안에 조리할 수 있다. 식단은 매일, 매달 달라지는데 데리야키치킨덮밥, 얼갈이동태찌개, 오징어무채볶음 등 대부분 일반인도 즐겨 먹는 메뉴다. '병원밥', '환자밥'으로 불리는 면역, 당뇨 식단은 맛이 없을 것이라는 편견을 깬 것이다.

2016년 본격적으로 식단 배송 서비스를 시작한 닥터키친의 가장 큰 과제는 맛있으면서 영양학적으로 이로운 식단을 환자에게 제공하는 것이다. 하지만 맛과 건강을 동시에 챙기는 것은 생각보다 쉬운 일이 아니다.

닥터키친은 본격적으로 서비스를 개시하기 전에 당뇨, 암 환자들에게 설문 조사를 진행했는데 100명 중 90명이 "식단을 중요하게 생각한다"고 답했다. 그러나 안타까운 점은 100명 중 10명만이 "건강 식단을 제대로 챙겨 먹고 있다"고 대답했다는 점이다. 환자들이 식이 조절을 잘 못하는 이유는 비슷하다. 환자들을 위한 식단은 맛이 없고, 건강 정보는 너무 많아서 어떤 정보를 취하고 버려야 할지 판단이 안 선다. 박재연 대표는 환자들도 맛있는 음식을 먹을 권리가 있고, 닥터키친을 통해 그럴 수 없는 환경을 제공하고 싶었다.

'맛있으면서도 건강한 식단'은 굳이 아무도 도전하지 않은, 도전할 필요가 없는 분야였다. 환자와 병을 잘 아는 의사는 식단 개발을 할 필요가 없고, 요리사는 의학을 모른다. 당뇨 하나 때문에 입원한 환자는 병원에서 10명 중 1명이 안 된다. 결국 이 분야는 의학, 영양학, F&B(food and beverage, 식음료)를 모두 알아야 도전할 수 있는 분야인 셈이다. 트렌드 변화가 빠르고 업황이 안정적이지 않은 시장이지만 닥터키친은 그 사이의 틈새시장을 발굴해 사업의 기회를 잡은 것이다.

예를 들어 밀가루는 혈당을 높이기 때문에 당뇨인은 반드시 피해야 할 음식이다. 그래서 닥터키친은 밀가루 대신 국내산 통밀가루와 뽕잎을 활용해 당 함량을 낮췄다. 뽕잎에는 식후에 혈당 상승을 억제시키는 DNJ 성분이 다량 함유됐기 때문이다. 고기는 아니지만 고기 맛을 내는 콩고기도 좋은 식재료다. 이런 관점에서 닥터키친은 음식에 바이오테크를 접목시켰다고도 볼 수 있다. '푸드 테크놀로지(음식+기술)'를 꾸준히 연구하고 새로운 영역의 음식을 개발, 시도한다는 점에서 푸드 테크 기업이라고 볼 수 있다.

닥터키친이 전문성을 검증하기 위해 손잡은 곳은 대학과 병원이다. 닥터키친은 2016년 삼성서울병원과 당뇨 식단을 검증하는 임상 시험을 한 이후 서울대학교병원, 가톨릭대학교 서울성모병원, 고려대학교 안암병원, 이화여자대학교 식품영양학과와 협업하고 있다. 병원들은 환자들을 위해 정기적인 식단을 개발한다는 취지에 공감하여, 분당서울대병원과는 개인 유전자에 따른 맞춤형 당뇨·비만 식단에 대한 임상 시험을, 고려대병원과는 유방암 환자를 위한 식단을 개발 및 검증하고 있다.

맛을 잡기 위해서는 셰프들과 손잡았다. 의료진의 감수를 통해 개발된 식이요법은 쉐라톤워커힐, 롯데호텔 등 5성급 호텔 출신 세

건강하고 맛있는 맞춤형 건강 식단을 신청하면 집으로 배달해준다

동봉된 종이에는 조리법과 함께 영양 성분이 자세히 설명돼 있고,
배달된 음식은 5~10분 안에 조리할 수 있다

좋은 아이디어로만 승부하는 시대는 지났습니다. 이제는
관련 업계의 생리를 알고, 팀 구성에 완결성이 있고, 시제
품만으로도 실적이 나와야 돈이 가고 믿음이 가는 시대입
니다.

프들의 손을 거쳤다. 맛있으면서도 영양학적으로 우수한 식단은 이렇게 탄생할 수 있었다.

나에게 필요한 ─
맞춤형 식단을 알려준다 ─

균형 잡힌 식단 배송 서비스로 환자들 사이에서 입소문을 타기 시작한 닥터키친은 현재까지 고객들에게 100만 끼니를 제공했다. 매 분기마다 평균 30~40%대의 성장세를 유지하고 있고, 식단 배송을 신청하는 고객과의 상담 건수도 20만 건이 넘었다. 맛과 건강 두 마리 토끼를 다 잡다 보니 환자가 아닌 집에서 편하게 양질의 식사를 하고 싶은 사람들도 닥터키친을 찾기 시작했다. 닥터키친이 시장에 나왔을 때는 마침 밀키트(meal kit, 손질된 재료가 담긴 반조리 간편식) 시장이 주목받기 시작했을 때이기도 했다. 국내 밀키트 시장은 2019년 200억 원 규모에서 2025년에는 7,000억 원 규모로 급성장할 것으로 예측됐다(한국농촌경제연구원 발표).

　닥터키친에 대한 입소문이 널리 퍼진 데는 임신성 당뇨 환자들에게 좋은 평가를 받은 것이 한몫했다. 임산부들이 임신 기간 중 당뇨 확진을 받으면 태아와 임산부 건강을 모두 챙겨야 하는 상황에 직면한다. 남은 임신 기간 동안 식단을 관리해야 하는데 몸이 무거워지면 현실적으로 관리하기 어려워진다. 이럴 때 정기 식단 배송은 큰 도움이 된다. 당장 식단을 제공받는 것도 도움이 되지만, 어떤 음식을 챙겨 먹어야 하는지 알게 되는 것도 이득이다.

고향에 계신 부모님이 편찮으실 때 자녀들이 '효도 식단'을 보내는 경우도 많다. 특히 혼자 사시는 경우, 옆에서 모실 수 없지만 건강 식단을 통해 부모님을 챙길 수 있다.

닥터키친은 식단 서비스 외에 온라인 마트도 열었다. 식단 배송 서비스와 마찬가지로 건강과 맛 두 가지를 모두 잡은 식료품들을 판매한다. 당분을 대폭 낮춘 다방 커피, 당을 줄인 황태 스낵, 무설탕 병아리콩 초콜릿도 있다. 똑같이 밥을 지어도 탄수화물 함량을 38%가량 낮추는 밥솥도 판매한다.

창업 이전에 박재연 대표의 커리어는 음식과 아무런 관련이 없다. 그는 경영 컨설팅을 전문으로 해왔다. 컨설턴트가 선망의 직업이었고 대기업에서 인수 합병(M&A)을 다루던 시대에 살았지만 "이제는 번듯한 직장에서 남들처럼 회사 생활하고 성공하는 패러다임에서 벗어나야 한다"고 생각해 창업의 길에 뛰어들었다.

박재연 대표는 식음료 시장이 발전하고는 있지만 크라프트 비어, 스페셜 커피 등은 온통 예술적인 관점에서 발전한 음식들이었고, 유기농 등 품질은 많이 따지지만 정작 영양학적으로 제대로 된 음식을 찾는 문화는 없다는 사실에서 사업을 착안했다. 당뇨라고 하면 병원과 주변에서는 환자들에게 겁만 주고 '잘 관리하라'는데 정확히 어떻게 해야 '잘' 관리하는 것인지 방법을 모르는 것도 문제였다. 생활습관을 개선하고 대안을 제안하는 서비스를 내놓고 싶었던 것이다.

닥터키친은 2019년 2월 옐로우독, 카카오벤처스 등으로부터 50억 원을 투자받았다. 현재까지의 누적 투자액은 100억 원이다. 잠재력 있는 시장에서 의학, 영양학, 음식 등 여러 분야를 모두 아울러야 승부를 볼 수 있는데, 이 같은 역할을 닥터키친이 할 것이라고 투자자들이 판단한 것이다. 닥터키친은 앞으로 환자뿐 아니라 학생, 출산 후 여성 등 체력 관리가 필요한 사람에게로 서비스 대상을 확대할 계획이다.

업계를 뒤흔드는 출판계의 넷플릭스

밀리의 서재

'읽는 것'에서
'듣는 것'으로 변화 중인 독서,
책 잘 안 읽는 독자를 잡는다

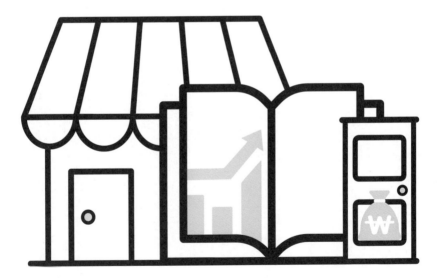

\# 밀리의 서재
\# 2016년
\# 서영택
\# 283억

2020년 2월, 소설가 김영하가 출판 기념 기자 간담회를 열고 7년 만에 신작 장편 소설《작별 인사》를 발표했다. 출간 소식을 기사로 접한 그의 팬이라면 신간을 구매하기 위해 교보문고나 예스24와 같은 온·오프라인 서점을 방문했겠지만, 안타깝게도 그의 신간은 찾을 수 없다.

'응? 기사 사진에서 김영하가 책 들고 있던데?'

맞다. 당신이 잘못 본 것은 아니다. 그런데 김영하 작가의 팬이었다면 사진을 좀 더 자세히 봤어야 했다. 간담회 때 그의 책에 적힌 출판사 로고를.

'Millie ORIGINAL(밀리 오리지널)'

어디서 난데없이 등장한 출판사란 말인가. 김영하 작가는 줄곧

문학동네에서 책을 발표해왔는데 말이다.

　밀리의 서재. 2017년 문을 연 젊은 출판사 아니 엄연히 말하면 출판사는 아니지만 출판사 같은 이곳은 전자책 구독 애플리케이션으로 널리 알려진 곳이다. 그런데 '전자책을 볼 수 있는 애플리케이션'이라고만 설명하기에 밀리의 서재는 너무 다양한 기능을 갖춘 모바일 플랫폼으로 진화했다. 출판 업계의 변종 밀리의 서재는 등장하자마자 출판 업계를 뒤흔들고 있다.

책을 사지 않고 ─
구독한다고? ─

출판 업계는 내가 몸담고 있는 신문 업계와 함께 대표적인 사양 산업 중 하나로 분류된다. 출판, 신문 모두 종이를 기반으로 하는데, 안타깝게도 그 모든 종이를 PC와 스마트폰이 대체한 것이 가장 큰 문제일 것이다. 최근에 지하철에서 신문이나 책 읽는 사람을 본 적이 있는가? 아주 가끔은 볼 수 있을 것이다. 내가 신문 기자여서인지 몰라도 지하철에서 신문 보는 사람을 만나면 그렇게 반가울 수가 없다. 그렇지만 속으로 이런 생각도 한다. '저분은 신문사에 다니거나 아니면 가족이 신문 기자일거야'라고. 그만큼 종이 신문과 종이 책은 이제 레어템이 돼버렸다.

밀리의 서재는 국내 최초로 월정액 독서 구독 서비스를 선보였다. 월 9,900원만 내면 5만 권의 책을 무제한으로 볼 수 있다. 누적 구독자 수는 150만 명을 돌파했는데 특히 20~30대의 비중(20대 40%, 30대 37%)이 높다. 오프라인 서점에서 40대 이상의 중장년층이 주요 독자라는 점과는 대조적인 수치다.

책을 구독해서 본다는 개념은 굉장히 낯설다. 하지만 젊은 세대는 이 새로운 방식으로 책을 소비하고 있고, 원하는 책을 찾아 온·오프라인 서점을 방문하는 행위를 바꾸고 있다. 어찌 보면 밀리의 서재는 유료 온라인 도서관이라고 설명하는 것이 더 적합할지 모르겠다. 또 구독 경제 모델을 베이스로 한다는 점에서 '출판계의 넷플릭스'로 불리기도 한다.

넷플릭스가 영화, 케이블 텔레비전 생태계에서 '교란 어종'을 자처했던 것처럼, 밀리의 서재는 생존 전략을 고민하던 출판 업계에서 비슷한 파괴자 역할을 자처했다. 하지만 전자책 구독 서비스도 얼마가지 않아 레드오션이 됐다. 비슷한 고민을 가지고 있던 리디북스, 교보문고, 예스24 등이 연이어 비슷한 사업 모델을 차례대로 들고 나온 것이다.

경쟁자가 많아지니 한 명이라도 더 많은 구독자를 확보하려면 구독료를 낮추는 경쟁이 필요했을 것이다. 그래서 월 5,000원짜리 요금제까지 나왔다. 책 한 권 값도 안 되는 돈으로 무제한 전자책을 볼 수 있는 것이다. 물론 이런 변화가 소비자에게 좋을 수는 있

김영하의 신작 장편 소설《작별 인사》와 출판 기념 기자 간담회

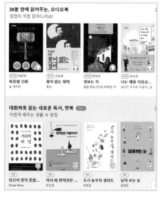

책 내용과 해설까지 덧붙인
'오디오북'과
채팅 형식으로 책 내용을 알 수 있는
'챗북'

지만, 업계의 지속 가능성을 생각하면 바람직하기만 한 움직임은
아닐 것이다.

책을 잘 읽는 사람이 아닌 책을 잘 안 읽는 사람을 공략하라

여기서 한 번 짚어야 할 것은 밀리의 서재가 주로 겨냥하는 고객이
누구냐는 점이다. 밀리의 서재는 책 열심히 읽는 사람들만을 타깃으
로 삼지 않는다. 오히려 독서에 관심은 있으나 시간적·물리적으로
독서가 하기 힘든 사람들이 타깃이다.

그래서 밀리의 서재는 독서라는 행위를 좀 더 편리하고 매력적
인 것으로 포장하기 위해 노력한다. 그래야 독서의 경계에서 헤매
던 사람들을 끌어모을 수 있기 때문이다.

밀리의 서재는 계속해서 진화한 서비스를 선보이고 있다. '리딩
북'이 대표적인 서비스다. 이제 독서 형태는 '읽는 것'에서 '듣는
것'으로 변화하고 있다. 그렇다고 해서 처음부터 끝까지 책을 전부
읽어주는 것은 아니다. 책 내용을 요약하고 해설까지 덧붙여 오디
오북을 제공한다. 긴 내용을 짧게 요약하면서 제작자의 기획력과
주관이 더 뚜렷이 드러나게 제작하는 것이다. 배우 이병헌, 변요한

등 유명 인사를 활용한 마케팅도 성공적이었다.

'챗북'과 '라이브', '밀리 피드'도 밀리의 서재만의 특징이다. '챗북'은 채팅 형식으로 책 내용을 알 수 있게 해주는 서비스이고, 유튜브 같은 동영상이 익숙한 사람들은 '책이 보이는 라이브' 서비스로 책을 소비할 수 있다. '밀리 피드'는 밀리의 서재가 사용자의 독서 이력을 빅 데이터로 분석해 책을 추천해주는 기능이다.

김영하 작가의 신간처럼 밀리의 서재에서만 독점적으로 선공개하는 콘텐츠도 늘고 있다. 만약 김영하 작가의 신간《작별 인사》를 종이책으로 읽고 싶다면 '종이책 정기 구독 서비스'에 가입하면 된다. 월 15,900원이면 전자책과 종이책을 함께 구독할 수 있다. 전자책 서비스를 하면서 종이책까지 신경 쓰지 않아도 될 것 같은데, 밀리의 서재는 기존 출판사, 오프라인 서점과 공생하는 전략을 선택했다. 전자책을 통해 책에 대한 관심이 늘어나면 결국 책을 구매하는 사례도 늘 것이라고 보기 때문이다. 독서 경험 자체가 독서 시장을 넓히는 마중물 역할을 한다는 것이다.

사업 아이디어를 기획할 때 '올 오어 낫씽(all or nothing)' 전략에 빠지는 것은 위험하다. 만약 밀리의 서재가 전자책만 추구하고 종이책을 신경 쓰지 않았다면 지금만큼 성공하긴 힘들었을 것이다. 밀리의 서재가 협력하고 있고 앞으로 계속 협력해야 하는 작가, 출판사 모두는 기존 생태계에 발 담그고 있는 사람들이다. '파괴적 혁신자'가 돼도 기존 생태계를 완전히 무시할 수는 없다. 이런 점에서 밀리의 서재는 아주 훌륭한 포지션을 취하고 있는 것으로 보인다.

업계와 공존해야
함께 성장한다

밀리의 서재를 만든 이는 50대 중반의 서영택 대표다. 90년대생 CEO도 즐비한 스타트업 업계에서 서영택 대표는 흔치않은 나이대의 창업자다. 그는 창업 직전인 2012년부터 2016년까지 웅진씽크빅 대표를 지냈다. 서영택 대표가 웅진씽크빅 대표 시절에 했던 인터뷰를 보니 밀리의 서재의 전신인 아동용 교육 콘텐츠 구독 서비스를 진행한 적이 있었다. 그의 풍부한 사업 경험이 밀리의 서재에 그대로 녹아든 것이다.

지금까지 밀리의 서재의 누적 투자 금액은 283억 원이다. 한국투자파트너스, 스틱벤처스, HB인베스트먼트 등이 참여했는데, KB인베스트먼트, 코오롱인베스트먼트 등은 2018년과 2020년에 두 차례 연거푸 투자를 단행했다. 그만큼 밀리의 서재의 성장 가능성이 크게 판단한 것이다.

어쩌면 본 게임은 이제부터일지 모른다. 더 많은 전자책 구독 서비스가 나올 것이고, 밀리의 서재는 더 많은 출판사와 경쟁해야 한다. 승자는 결국 더 많은 독자를 모셔가는 쪽이다. 그러나 밀리의

서재가 잡은 승기(勝氣)를 다른 이가 빼앗는 것도 결코 쉽지 않아
보인다.

대치동과 인도를 사로잡은

고피자

크고 느리고 비싼 피자에서
작고 빠르고 싼 피자로

GOPIZZA

\# 고피자
\# 2016년
\# 임재원
\# 60억

푸드 트럭으로 시작해 피자 프랜차이즈로 성장한 회사가 있다. 여기서는 다른 프랜차이즈와는 달리 1인용 화덕피자를 파는데, 장사가 잘되는 서울 대치동 매장에서는 월 매출이 6,000만 원이 넘는다. 여기까지 설명을 들으면 텔레비전 교양 프로그램에서 흔히 소개하는 유명 맛집 정도로 보인다.

그런데 이 회사는 누적 투자액이 60억 원에 달하는 스타트업 '고피자'다. 피자집이 스타트업이 될 수 있을까? 왜 피자 프랜차이즈가 굳이 스타트업의 포지션을 자처하며 사업성에 대한 혹독한 평가를 받으려고 하는 걸까? 고피자의 사업 철학과 구상하는 미래를 보면 피자집도 스타트업이 될 수 있다는 사실을 쉽게 알 수 있다.

"웬만하면 회사,
그만두지 마세요"

고피자의 시작은 2015년으로 거슬러 올라간다. 임재원 고피자 대표는 대학원 졸업 이후 광고회사에서 카피라이터로 일하던 중 퇴근길 피자에 꽂혔다. 패스트푸드점의 햄버거처럼, 피자도 빠르고 간편하게 먹을 수 있으면 좋겠다는 생각이 뇌리에 스친 것이다. 나만의 피자 브랜드를 만들어보기로 결심했지만, 그렇다고 해서 바로 퇴사를 한 것은 아니다. 대신 회사를 다니면서 1년간 퇴근 후와 주말을 활용해 열심히 피자 공부를 했다. 일종의 창업 준비 기간이었던 셈이다.

외식업이라곤 한 번도 경험해보지 못했던 그가 피자 사업을 하려니 모르는 것투성이였다. 지나가던 피자 배달부를 붙잡고 "피자 한 판 굽는 데 얼마나 걸려요?", "하루에 몇 판이나 팔려요?", "가게에 몇 명이나 일하고 있어요?"라고 물었다. 하지만 부족했다. 피자집 알바로 일하면서 직접 피자를 경험했다. 피자 학원도 다녔다. 화덕을 구해 6개월간 혼자 피자도 구웠다. 그렇게 해서 알게 된 것은 만드는 과정이 어렵고 복잡한 피자는 햄버거가 될 수 없다는 사실이었다. 피자 제조 과정을 효율적으로 바꿔야 했다.

피자 공부 1년 만에 회사를 관둔 임재원 대표는 이듬해인 2016년에 회사를 설립하고 푸드 트럭, 백화점 팝업스토어로 유명세를 얻

○ 회사를 다니면서 퇴근 후 1년 동안 피자 공부를 했던 임재원 대표

○ 첫 매장이었던 푸드 트럭

○ 기존 피자를 굽는 화덕보다 30% 작고 가스 사용량도 50%에 불과한 특수 화덕 '고븐'

○ 1평짜리 매장으로 시작했던 고피자 대치동 매장

스타트업은 기성 기업들이 해결하지 못하는 문제를 해결해야만 그 존재의 이유가 있습니다.

었다. 하루에 피자를 1,000판 판매하는 기염을 토했다. 2017년에는 기존에 피자를 굽는 화덕보다 크기가 30% 작고 가스 사용량도 50%에 불과한 특수 화덕 '고븐'을 개발해 특허 등록했다. 피자 하나를 만드는 데 5분이 걸리지 않았고, 시간당 최대 120개까지 생산할 수 있었다. 고피자의 피자가 한 사람이 먹는 작은 크기임을 감안해도 기존 프랜차이즈에서는 시도해볼 수 없던 색다른 도전이었다.

고피자는 서울 대치동 학원가 한가운데 정식으로 매장을 냈다. 1평짜리 매장이었는데 줄이 보이지 않을 정도로 길게 늘어서서, 하루에 피자 수백만 원어치를 팔아치우면서 학원가 학생들에게 유명해졌다. 고피자는 이제 전국에 매장 50곳을 가진 브랜드로 성장했다.

크고 느리고 비싼 피자에서 ─ 작고 빠르고 싼 피자로 ─

임재원 대표는 스타트업을 '문제를 해결해서 폭발적으로 성장하는 집단'이라고 정의한다. 스타트업은 기성 기업들이 그간 해결하지 못하는 문제를 해결해야만 그 존재의 이유가 있다. 그런데 씨앗으로 시작한 스타트업이 몸집 큰 기성 기업들과 싸우는 것은 쉽지 않다. 기존 기업들이 두 배 성장할 때 스타트업은 20배 성장해야 겨우 한 번 싸워볼 만한 구도가 형성된다.

임재원 대표의 정의처럼 고피자는 기존 피자 사업에 존재해왔던 여러 문제점, 피자 사업자들과 소비자들의 불편함을 해결하면서 동시에 폭발적으로 성장하고 있다.

소비자들은 피자가 크고, 비싸고, 느리다는 점에 불편함을 느꼈다. 그래서 고피자는 피자를 작고, 싸고, 빨리 만들었다. 그리고 더 맛있게 만들기 위해 노력했다. 고피자는 이 같은 요소들을 '접근성'이라는 단어로 설명했다. '가격 접근성', '크기 접근성', '시간 접근성'. 이 접근성을 개선하면 한 번 먹을 피자를 두 번, 다섯 번씩 먹게 할 수 있을 것이라고 생각했다.

피자 사업을 하는 공급자들은 피자가 노동집약적이고 만드는 데 오래 걸린다는 점을 불편해했다. 고피자가 나오기 전까지 피자를 만드는 과정은 대부분 비슷했다. 아침에 도우를 꺼내 발효하고, 손으로 펴고, 토핑을 올려서 화덕이나 오븐에 넣는 것을 반복한다. 쉬지도 못하고 페이도 적은 아르바이트생들은 힘들다고 이야기하고, 점주들은 수익성이 좋지 않아 고민이었다.

기술만이
혁신은 아니다

특수 화덕 '고븐'을 만든 것도 이 같은 생산성을 개선하기 위해서였다. ① 알바생이든 사장님이든 누가 오더라도 똑같은 품질의 피자를 ② 좁은 공간에서 ③ 많이 생산하는 데 초점을 맞췄다. 기계를 혁신하는 데는 식품공학적인 기술과 기계공학적인 기술이 모두 필요했다. 사업을 본격적으로 시작하기 전에 피자에 대해 치밀하게 연구하고, 또 직접 피자집에서 아르바이트하고, 피자 트럭을 운영해보지 않았다면 접근할 수 없었을 것이다.

고피자는 여기에 인공지능 기술을 더하는 혁신을 꾀하고 있는데, 누가 어디서 매장을 운영해도 균질하게 관리할 수 있는 시스템을 개발하고 있다. 어떤 일을 언제 해야 할지 인공지능이 모두 컨트롤 할 수 있게 해 안정적인 매장 운영을 하는 것이 목표다.

전체 외식업 종사자 2명 중 1명은 한 직장에서 6개월 미만 근무한다고 한다. 한 해 60조 원이 넘는 시장의 절반이 아르바이트생에 의해 돌아가고 있는 것이다. 고피자는 피자 사업을 넘어 그간 아무도 해결하지 못한 외식업의 문제점을 바꾸려고 한다. 2019년 30여 명의 직원이 일하던 고피자는 개발팀을 새로 편성했다. 카이스트, 서울대에서 로봇공학, 기계공학을 전공하던 이들이 고피자에 조인했다. 그렇다면 이제 미국 등에서 종종 유행하는 '서빙 로봇', '배달 로봇'이 나오는 걸까? 임재원 대표는 이 같은 생각을 부인했다.

"한국에서 제일 크다는 외식업 기업도 가맹점에서 발생한 문제를 해결하는 '별동대'가 본사에 있대요. 별동대가 출동해서 '땜빵'을 하고 그다음 사람을 교육하고 돌아오는 식이지요. 그렇다고 갑자기 일선 매장에 로봇을 도입하겠다는 것도 말이 안 됩니다. 로봇 한 대 값이 매장 하나 값이니까요. 현실적인 방안은 똑똑한 소프트웨어를 기반으로 매장에서 사람들이 안정적으로 일하게 만드는 것입니다."

쉬운 아이템, 안정적인 시장이 투자받기 좋다

피자 시장과 외식업 시장이 비교적 안정적으로 성장하고 있는 것도 고피자에게는 호재다. 피자는 단일 음식으로 전 세계에서 가장 큰 시장(연간 150조 원)이다. 특히 그중 아시아 시장은 연간 20%씩 성장하고 있다. 인도네시아·베트남·인도 등 개발도상국에서는 30년 전의 한국처럼 이제야 피자 시장이 본격적으로 문 열리기 시작했다. 서방 국가에서는 100조 규모의 시장이지만, 아시아도 머지 않아 50조 원에서 100조 원, 150조 원 시장으로 성장할 것으로 보인다. 도미노 피자가 피자 프랜차이즈로는 전 세계에서 압도적인 위치를 차지하지만, 아시아권에서는 이 같은 피자 브랜드가 없다. 그래서 고피자는 인도에 적극적으로 진출하고 있다.

고피자는 2019년 약 40억 원의 투자를 받으며 누적 투자 금액이 60억 원을 넘었다. 캡스톤파트너스, 빅베이슨캐피털 등은 고피자의 성장성과 사업성을 높이 사 2년 연속 투자했다. 기업 가치도 1년 새 6배가량 커졌다.

기술로 승부하는 스타트업 업계에서 피자는 오히려 흥미로운 아이템이었다. 사실 피자만큼 설명이 필요 없는 아이템은 드물다. 보편적이기 때문이다. 그래서 투자자들에게 아이템에 대한 설명이나 설득을 생략할 수 있다. 글로벌 시장에 도전할 수 있는 가능성이 열려 있는 것도 장점이었다. 확장성이 있었다.

임재원 대표는 현재 맞닥뜨린 몇 가지 과제만 해결하면 고피자가 조 단위의 글로벌 유니콘이 될 수 있다고 투자자들을 설득했다. 시스템과 맛이 보장되는 만큼, 그는 먼 훗날 아프리카에도 고피자 매장을 열 수 있을 것이라고 자신한다.

법칙

3

인생의 흑역사를
세일즈하라

여성 피트니스·다이어트 토탈 케어 기업

다노

이제 스마트폰으로
식단 관리와 PT를 한다

#다노
#2013년
#정범윤·이지수
#65억

DANO

헬스장에서 돈을 내고 PT(퍼스널 트레이닝)를 받아도 살을 빼기 쉽지 않은데, 스마트폰으로 PT를 받는다고 살이 빠질까? 안 믿기겠지만 직접 온라인 PT를 경험한 이들에 의하면 살이 빠진다는 의견이 훨씬 많다. 다이어트 전문 기업인 다노에서 PT를 받은 유료 회원 10만 명의 간증이 끝없이 이어지는 이유다.

'다이어트 노트'의 준말인 다노는 여성 피트니스·다이어트 토탈 케어 기업을 지향한다. 다노는 2015년 1월, 국내 최초로 온라인 다이어트 코칭 프로그램을 개발했다. 온라인 코칭이라고 설렁설렁해도 될 거라고 생각한다면 오산이다. 제대로 된 다이어트 효과를 보장해주려면 프로그램의 강도가 높아야 하기 때문이다. 효과만 좋다면야 삼시 세끼 풀만 뜯어먹을 수 있는 게 다이어터들의 절박한 심정인데, 온라인으로 편리하면서도 효과적으로 다이어트를 할 수 있다니 20~30대에게는 매력적일 수밖에 없지 않을까.

스마트폰으로
다이어트를 한다고?

다노에서 운영하는 '마이다노' 프로그램에 가입하면 주 3~5회에 걸쳐서 코치의 조언을 받으며 다이어트를 할 수 있다. 운동은 물론 식단, 생활 습관까지 한꺼번에 관리받을 수 있는데, 활동하는 코치가 무려 200명이 넘고 운동, 영양, 심리 분야의 전문가들이기도 하다.

다이어트에 돌입한 회원들은 아침·점심·저녁 식사 끼니별로 사진을 찍어서 코치에게 보내야 한다. 가령 오늘 점심 때 호밀빵 샌드위치를 먹었다면 샌드위치 사진을 찍어서 다노 애플리케이션에 전송한다. 바로 다노 코치로부터 답장이 온다.

> 코치: 점심 샌드위치 소스는 어떤 건가요? 두 쪽 다 드셨
> 나요?
> 회원: 머스터드랑 참깨 소스였는데 빵도 호밀로 바꾸고

소스는 조금만 넣어달라고 요청했어요. 빵은 반만

먹었고요.

코치: 소스 걱정은 안 해도 되겠네요. 먹는 양을 잘 조절해

주셔서 칭찬해요. 힘내서 운동까지 파이팅해주세요!

때때로 "채소 섭취가 부족하다", "파프리카, 버섯, 양파 등 좋아하는 야채를 올리브유에 가볍게 볶아서 먹는 것도 좋다"는 애정 어린 잔소리도 들을 수 있다. 다이어트를 하다가 포기하고 싶은 순간마다 코치가 애플리케이션에서 불쑥불쑥 나타난다.

곧이어 운동 시간이다. 오늘의 운동은 전신을 자극하는 타바타 운동(20초간 운동하고 10초간 휴식하는 고강도 운동)! 준비 동작부터 시작해서 동작별 운동 영상이 순서대로 나온다. 다노가 제안하는 운동 시간과 내가 실제로 운동하는 데 걸린 시간도 비교할 수 있다. 코치가 운동 결과를 보고 "사이드 플랭크가 힘드셨다면 다음에는 무릎을 바닥에 대고 해주세요"와 같은 디테일한 조언을 해주기도 한다.

다이어트 하고 싶은 부위별로 운동 프로그램도 달라진다. '비키니 부트캠프(전신 운동)', '미니스커트 챌린지(하체 운동)', '도전 11자 복근(상체 운동)' 등의 운동을 선택할 수 있고, 운동을 얼마나 자주 하는지에 따라서 난이도도 선택할 수 있다.

다노는 벼락치기형 단기 속성 다이어트가 아닌 습관 성형 다이어트를 지향한다. 단기간에 살을 무리하게 빼는 것보다는 습관을

고쳐서 건강한 몸을 꾸준히 유지해야 한다는 것이다. 특히 우리나라에서는 검증되지 않은 다이어트 방법이 유행하기도 하고, 그만큼 부작용을 경험하는 사람도 많다. 다노는 일정한 양 이상의 물 마시기, 계단 오르기, 스트레칭 하기 등 일상생활에서 할 수 있는 좋은 습관을 만들 수 있게 도와준다. 이를 통해 생활 패턴에 맞는 자신만의 건강 관리 비법을 찾을 수 있다.

초기에 다노 회원들의 미션 달성 확률은 10%도 채 안 됐다. 그런데 지금은 달성률 80%에 육박한다. 5명 중 4명이 다이어트에 성공하는 것이다. 다노는 회원들의 다이어트 성공률을 높이기 위해 동기부여가 될 만한 요소들을 프로그램 곳곳에 배치했고, 이는 효과적인 전략이었다. 미션 달성률이 높은 고객에게는 매주 쿠폰을 지급해 다이어트를 격려하기도 한다.

또 다노는 다이어트 전문 기업답게 다이어트가 가장 절실한 사람들이 누군지도 잘 알고 있다. 급하게 다이어트를 해야 하는 예비 신부들을 위한 '마이다노 웨딩케어' 프로그램도 출시했다. 곧 있을 웨딩 사진 촬영이나 결혼식 때 예뻐 보이고 싶은 예비 신부들의 니즈를 간파한 것이다. 결혼 준비로 바쁜 예비 신부라면 하루에 30분만 투자하면 된다. 이 프로그램은 이지수 대표가 실제로 결혼 준비를 하면서 개발한 프로그램이다. 드레스 때문에 몸매가 신경 쓰이는 신부의 간절한 마음을 그 누구보다 잘 알기 때문이다.

20kg 다이어트 한 경험을
사업 아이디어로

다노는 학교 선후배인 정범윤 · 이지수 공동 대표가 2013년에 의기
투합하여 만든 기업이다. 특히 이지수 대표는 다노의 상징과도 같
은 존재다. 끊임없이 다이어트에 성공하고 실패해본 경험이 많기
때문이다. 그러한 경험이 없었다면 지금의 다노도 존재하지 않았
을 것이다.

　이지수 대표는 미국에 교환학생을 갔다가 20kg이 쪘고, 다시 살
을 빼기 위해 힘겹게 다이어트를 했다. 이 흑역사가 사업의 밑천이
됐다. 마침 다이어트에 혈안이 돼 외국 서적과 논문을 뒤지면서 효
과적인 다이어트 방법을 찾을 때였다. 포털 사이트에 떠도는 다이
어트 정보에는 잘못된 내용이 많았고, 정보를 표방했지만 상품 광
고로 귀결되는 상업용 콘텐츠가 대부분이었다. 직접 다이어트를
해보니 시장에서 통용되는 다이어트 방법과 인식이 얼마나 잘못됐
는지 알 수 있었다. 기존 다이어트와 서비스는 효과가 일시적이면
서 다이어트 이후의 일상을 전혀 고려하지 않았다. 이에 이지수 대
표는 '지속 가능한 다이어트'를 사업 모델로 만든 것이다.

　이지수 대표는 페이스북에 '언니가 알려주는 다이어트 노트'
라는 영상을 올린 적이 있다. 반응은 폭발적이었다. 인터넷에 떠
도는 그렇고 그런 다이어트 정보가 아닌 직접 20kg을 감량한 절

절한 사연이 있었기 때문이다. 2016년 5월에 문 연 유튜브 채널 'DanoTV'의 구독자는 현재 61만 명을 돌파했다. 다노 관련 SNS를 팔로우하는 이들은 총 200만 명이 넘는다.

그래서인지 다이어트 좀 해봤다는 20~30대 여성들에게 이지수 대표는 '다노 언니 제시'로 더 유명하다. 그런데 이지수 대표는 의외로 사람들 앞에 나서거나 스포트라이트를 받는 것을 극도로 싫어했다. 다만 사업을 위해 꼭 해야 하는 일이라고 생각했고 다노가 잘하는 일을 더 잘 알리기 위해 SNS를 활용한 것이다.

고객은
SNS에 모여 있다

SNS를 접점으로 고객들과 계속 커뮤니케이션하는 것은 마케팅 효과뿐 아니라 시장을 파악하고 고객을 알아가는 데도 효과적이다. 다노는 SNS를 통해 타깃 고객들이 어떤 점에서 다이어트를 어려워하는지 관찰할 수 있었고, 고객의 목소리를 직접 들으면서 식품 생산, 코칭 서비스 개발로 가지를 뻗어나갈 수 있었다.

"우리의 제품과 서비스를 사용해주었으면 하는 고객들이 SNS라는 놀이터에 모여 있기 때문에 직접 그곳에 기업이 찾아가서 고객을 만나고 소개하는 것은 전략이라기보다 꼭 해야 하는 일입니다.

◉ 마이다노 애플리케이션 구동 화면　　◉ 마이다노를 통해 운동하는 이지수 대표

◉ 최근 오프라인에도 여성 전문 PT 스튜　◉ 온라인 쇼핑몰 '다노샵'에서 판매하고
　디오를 오픈했다　　　　　　　　　　　있는 다이어트 식품

고객들이 SNS에 모여 있기 때문에 그곳에 찾아가서 고
객을 만나고 소개하는 것은 전략이라기보다 꼭 해야 하는
일입니다. 광고에는 담지 못하는 브랜드의 이야기, 내부
구성원들의 이야기, 고객들이 궁금해하고 듣고 싶어 하는
주제로 콘텐츠를 만들 수 있지요.

광고 지면에는 담지 못하는 브랜드의 이야기, 제품을 만들어가는 내부 구성원들의 이야기, 고객들이 궁금해하고 듣고 싶어 하는 주제를 가지고 콘텐츠를 만드는 것이 중요한 이유입니다."

또 이지수 대표는 이미 다이어트에 성공했지만 다이어트 전의 사진을 마케팅에 활용하는 데 거리낌이 없다. '붓기 빼는 셀프마사지', '빵, 케이크 끊는 식단 팁' 등 정보성 영상에는 자신의 비포, 애프터 사진을 종종 사용한다.

다노의 온라인 쇼핑몰 '다노샵'에서는 120개가 넘는 다이어트 관련 식품을 판매하고 있다. 현미 찰떡, 곤약 만두, 고구마 말랭이 등 다이어터들이 좋아할 제품들을 총망라했다. 이 중 절반 이상은 직접 기획하고 공장에서 자체 생산한 것이다.

다이어트 시장은 커질 수밖에 없다

사람들의 비만율은 갈수록 높아지고 있기 때문에 다이어트 시장은 커질 수밖에 없다. 따라서 지금 다노를 이용하는 고객 대부분이 20~30대 직장인 여성이지만, 조만간 10대 청소년부터 노년층까지 모든 연령대가 사용할 것으로 예측하고 관련 서비스도 확장할 계획이다.

다노는 여성 전용 서비스를 지향하기 때문에 직원의 75%가 여성이고, 직원들의 평균 연령도 고객과 비슷한 29세다. 고객들의 니즈를 가장 잘 파악하고 분석하기 위한 하나의 전략이기도 하다.

다노는 다이어트 기업의 전문성과 성장 가능성을 인정받아 2015년에 GS홈쇼핑·아주IB로부터 22억 원을, 2018년 9월에는 뮤렉스파트너스 등으로부터 40억 원 상당을 투자 유치했다. 다노는 투자자들에게 다노가 풀고자 하는 문제의 중요성과 다노가 이 문제를 얼마나 잘 해결할 수 있는지를 설득했다. 다이어트라는 해묵은 과제가 다노라는 스타트업을 만나면서 생활 속 즐거운 과제로 변모했다는 것이다.

이지수 대표는 아직 다노가 대단히 주목할 만한 성과를 만들었다거나 안정적으로 정착했다고 생각하지 않는다. 그러면서 스타트업을 한다는 것은 자신이 해결하고자 하는 문제가 무엇인지 제대로 정의하고, 이 문제를 위해 동료들과 계속 도전하는 데 의의가 있다고 말했다.

"다노가 잘되니까 기성 다이어트 업계 경쟁사들이 저희의 제품과 서비스를 흉내 내기 시작했어요. 다노는 경쟁사보다 더 나은 대안을 찾아 고객들의 삶을 변화시켜야 합니다. 지금도 고객들의 삶을 최고로 바꾸고, 다이어트 패러다임을 바꿔가고 있는 중이고요. 모든 사람을 베스트로 만드는 것이 다노의 목표입니다."

독서실을 넘어 교육 플랫폼으로
작심독서실

독서실에 오면
100만 원짜리 인강을
공짜로 들을 수 있다고?

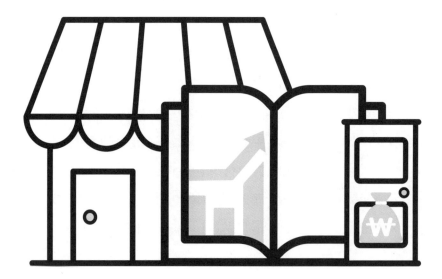

아이엔지스토리
2013년
강남구
200억

세계 최대 공유 오피스 기업 위워크, 숙박 중개 플랫폼 에어비앤비, 미국의 대표적인 공유 주방 기업 유니온 키친. 이 기업들은 전 세계가 주목하는 스타트업이라는 점 외에도 그간 우리가 익숙하게 여긴 공간(사무실, 숙소, 주방)을 혁신적으로 바꿔 사업의 기회로 삼았다는 공통점이 있다.

위워크는 사무실을 편리하고 친절한 공간으로 바꿨고, 에어비앤비는 현지인의 집을 숙소로 바꾸면서 숙소의 개념을 확장시켰다. 유니온 키친은 주방 공간을 공유할 뿐 아니라 창업 과정 전반을 도와준다.

프리미엄 독서실 겸 스터디카페 '작심'은 이런 관점에서 한국형 공간 스타트업의 가능성을 보여주는 기업이다. 전국에 300곳이 넘는 작심은, 어린 시절 동네마다 여러 개 있던 전통적인 독서실의 개념을 완전히 탈피했다. 이곳은 1일 권이나 정기권을 사서 책상과 공간만 빌려 쓰는 조용한 독서실이 아니다. 대신 수능을 준비하는 수험생, 시험을 준비하는 고시생, 취업을 준비하는 대학생 등 각기 다른 소비자들을 위한 세분화된 공간과 콘텐츠가 준비돼 있다.

독서실에 가면 ─
공부에 필요한 모든 것을 ─
얻을 수 있다 ─

작심이 큰 인기를 얻은 이유 중 하나는 독서실이라는 공간에서 교육 콘텐츠를 무료로 제공하기 때문이다. 독서실 이용자들은 수능·공무원·영어·취업 등 다양한 분야의 최신 온라인 강의를 무료로 들으면서 공부할 수 있다. 이 같은 혜택을 제공하기 위해 이투스·대성·해커스·에듀윌 등 수험생들에게 인기 있는 교육 브랜드들과도 손잡았다.

대학수학능력시험 모의고사부터 한국사 공부, 경찰 공무원 시험, 토익·오픽 등 영어 자격증 시험 등 작심에서 제공하는 교육 콘텐츠는 연령대와 무관하게 다양하다. 작심에서 무료로 제공하고 있는 개별 강좌들은 개인이 따로 수강하려면 평균 십수만 원은 지불해야 한다. 경찰 공무원 시험 콘텐츠 같은 경우는 100만 원을 넘게 내야 수강할 수 있는 콘텐츠도 허다하다. 그런데 작심에서는 이 같은 콘텐츠를 모두 무료로 제공하면서도 주변 독서실과 비슷한 수준의 이용료만 받는다. '이게 어떻게 가능하지?'라는 물음과 '왜 이렇게 하는 걸까?'라는 물음이 뒤따를 수밖에 없다.

작심 브랜드를 만든 강남구 아이엔지스토리 대표는 국내에서 전무후무했던 교육 플랫폼을 만드는 작업을 하고 있다. 그는 자신의 회사를 독서실과 학원, 온라인 교육 기업을 결합한 하이브리드형 회사라고 설명한다. 하지만 학원은 아니라고 선을 긋는다.

가능한 모든 자기 주도적 학습을 할 수 있는 공간을 구축하는 데 학원과 교육 콘텐츠를 끌어들여, 독서실에만 오면 온라인 강의를 듣고 스스로 공부할 수 있는 시스템을 구축했다. 독서실 이용권을 사고, 온라인 강의 콘텐츠도 따로 사야 했던 이용자들에게는 한 번에 두 가지를 해결할 수 있으니 일거양득이다. 또 온라인 수강생들을 끌어들이기 위해 거액의 마케팅 비용을 쓰고 있는 온라인 교육 기업들에게도 작심과의 협업은 나쁘지 않은 선택이었다. 사람들이 강의를 많이 들을수록 교재도 많이 팔리기 때문이다. 시너지 효과가 나는 협업 사례에 교육 기업들의 관심이 작심으로 쏟아지기 시작했다. 그래서 협업하는 기업들을 어렵지 않게 계속 늘려갈 수 있었다.

◉ 작심독서실과 작심스터디카페 모습. 고풍스러운 인테리어가 특징이다

◉ 공유 사무실인 작심스페이스. 스타트업을 위한 최적의 업무 공간이 콘셉트다

◉ 프리미엄 고시원 작심하우스. 공유 주방, 무인 택배함을 갖추고 있다

공부를
'관리'하는 곳으로

작심 본사에는 콘텐츠 큐레이션 조직이 있다. 이용자들에게 진짜 필요한 콘텐츠가 무엇인지 파악하고, 양질의 콘텐츠를 더 많이 확보하는 방법을 연구하는 곳이다. 대형 학원에 속하지 못해 빛을 보지 못했던 실력 있는 강사들도 자체적으로 발굴하고 있다. 이렇게 협업하는 기업과 콘텐츠를 크게 늘리니, 얼마 되지 않아 작심독서실을 이용하는 학생 수가 늘어나고, 독서실을 내려는 가맹점 수도 늘어나는 선순환이 일어난 것이다. 이런 선순환은 세계 최대 온라인 커머스 아마존의 '플라이휠' 전략과 비슷하다. 플라이휠이란, 동력 없이 관성만으로 회전 운동을 하는 자동차 부품이다. 처음에는 엄청난 추진력이 필요하지만 한 번 가속도가 붙으면 알아서 돌아간다. 작심독서실도 콘텐츠를 늘리니 이용객, 가맹점 수가 알아서 차례대로 늘어났다.

작심독서실에 들어서면 공간은 물론 의지까지 함께하겠다는 결연한 의지가 돋보인다.

> 작심독서실은 여러분들이 끝까지 포기하지 않도록, 여러
> 분들의 마음먹음을 지켜주기로 작심(作心)했습니다. 여러
> 분들의 레이스, 끝까지 함께하겠습니다.

천편일률적인 동네 독서실이 공유 오피스같이 세련된 공간으로 탈바꿈했다. 일렬로 늘어진 책상과 의자, 칸막이 대신 지점마다의 콘셉트가 있다. 영국 옥스퍼드대학 도서관을 콘셉트로 한 '보들리안 룸', 《해리포터와 비밀의 방》에서 영감을 얻은 '시크릿 룸', 사방이 막힌 1인실인 '작심 룸' 등이 있다.

어떤 공부를 하느냐에 따라 달라지겠지만 완전히 밀폐된 공간을 선호하는 사람도 있고, 오픈된 공간을 선호하는 '카공족(카페에서 공부하는 사람)'도 있다. 조 모임 등을 위한 스터디룸도 있고 노트북을 이용하는 이들을 위한 공간도 있다. 휴게 공간에는 커피는 물론 식사 대용 간식거리도 준비돼 있다. 개인 사물함, 응급키트, 복합기, 와이파이 등도 갖추고 있다.

작심의 이용자들을 돕기 위한 다양한 기능도 참신하다. 독서실 매니저들은 정해진 시간마다 돌아다니면서 자는 학생을 깨운다. 학생이 독서실에 입실하고 퇴실할 때는 부모님에게 자동으로 문자 메시지를 발송하는 시스템도 갖추고 있다. 마치 관리형 독서실 같다.

이처럼 공간 사업에 대한 자신이 붙은 작심은 독서실, 스터디카페 외에도 공유 오피스인 '작심스페이스', 프리미엄 고시원인 '작심하우스'도 런칭했다.

열심히 한다고
다 성공하는 건 아니다

강남구 대표는 고등학교 졸업 후 대학교 진학 대신 창업과 영업 현장에 뛰어든, 젊은 나이에 경력 10년이 넘는 프로다. 20대 초반부터 그가 쌓아온 경험을 듣다 보면, 정글 같은 곳에서 야인(野人)처럼 뒹군 경험으로부터 참신한 사업 모델이 나온 것으로 느껴진다.

강남구 대표는 각종 사업 아이템을 시도하다가 2011년에 티켓몬스터 영업사원으로 영입됐다. 당시는 소셜커머스가 처음 등장해 업계와 소비자들의 각광을 받던 시기였다. 각종 할인 프로모션을 제공할 로컬 업체들을 섭외하는 것이 비즈니스의 핵심으로, 소셜커머스가 익숙하지 않은 동네 사장님들께 일일이 설명하고 설득하는 작업의 연속이었다. 직원 10여 명이 전부였던 시절에 티몬으로 영입된 강남구 대표는 탁월한 세일즈 능력을 인정받아 스물한 살에 최연소 팀장이 됐다. '지역 확장팀' 팀장이었던 그는 전국 방방곡곡을 돌아다니며 협력처를 늘려갔다. 소셜커머스 시장은 폭발적으로 성장했고, 회사 직원은 1년 만에 800명으로 늘어났다. 이듬해에는 경쟁 기업인 그루폰코리아 B2B 본부장으로 이직하기도 했다.

그만큼 그는 열심히 일했다. 특히 '열심히'라는 기준이 남들의 그것보다도 더 높았다. 죽으라면 죽으라는 시늉을 할 정도로 말이다.

성공적인 사업가로 자리매김했지만 콤플렉스도 많았다. 고졸이라는 학력도 그에게는 장애물이었다. 서울에 있는 대학을 나왔다고 속여보기도 하고, 비싼 자동차를 타기도 했다. 하지만 진짜 자신감은 사업 성과에서 나오는 것이었다. 사업을 밀어붙일 때 반대하는 사람이 99%여도 귀 기울일 필요가 없다는 것을 깨달았다. 직원들에게도 결국 성과를 보여주는 CEO가 돼야만 인정받을 수 있는 것이었다.

2020년 전국적으로 독서실·스터디카페 300곳 이상을 운영하고 있는 작심은 2019년 매출 190억 원을 달성했다. 열심히 일만 하다 사업을 시작했던 강남구 대표에게는 투자 유치와 관련해 도움을 받을 인맥도, 연락처도 없었다. 벤처캐피털 회사 채용공고 사이트를 뒤져 투자자들에게 직접 연락했다. 그래서 2018년에 약 55억 원 기관 투자를 유치했고, 2019년 5월 알펜루트자산운용 등으로부터 약 150억 원의 투자도 유치했다. 누적 투자액만 약 200억 원이 넘는다.

강남구 대표는 '교육계의 넷플릭스'가 되는 것이 목표다. 방송, 드라마 콘텐츠가 아닌 교육 콘텐츠를 넷플릭스처럼 광범위하고 신속하게 유통하는 플랫폼 말이다. 여기에 넷플릭스처럼 구독형 모델을 도입하면, 학생들로서는 합리적인 금액으로 아주 다양한 콘텐츠를 즐길 수 있다. 교육에 대한 소비자의 열정, 온라인 교육에 대한 관심과 업계의 성장 등이 맞물리면서 시너지 효과가 난다면 충분히 실현 가능해 보이는 목표다.

깐깐한 요구에 모두 답하는 모바일 세탁 서비스

세탁특공대

편리함, 신속함, 합리적인 가격으로
동네 세탁소의 불만을
모두 해결한다

세탁특공대

\# 워시스왓
\# 2015년
\# 남궁진아·예상욱
\# 50억

모바일 세탁 서비스 '세탁특공대'를 운영하는 남궁진아·예상욱 워시스왓 대표는 부부 창업가다. 두 사람은, 지금은 문을 닫은 직장에서 만나 사업가로서의 역량을 길렀다. 수 년 전 모바일 서비스 스타트업에서 일했던 두 사람은 회사가 망한 뒤, 의기투합하여 세탁특공대 서비스를 내놨다. 다녔던 회사가 망했으니 당시 회사에서의 경험을 부정적으로 떠올리진 않을까 했지만 남궁진아 대표는 의외로 "전 직장인 스타트업에서의 경험이 충격적으로 좋았다"고 말했다. 그리고 한 회사의 흥망성쇠를 몸소 겪으면서 생존 능력을 얻을 수도 있었다.

어디에나 있지만 어느 곳도 만족스럽지 않던 — '동네 세탁소' —

전 직장은 영수증 하단의 QR코드를 찍으면 마일리지를 적립하는 서비스를 운영하던 곳이었다. 새로운 기능을 개발하고 소비자의 반응을 확인하는, 원체 호흡이 빠르게 돌아가던 일이었으니 월요병 같은 것이 있을 틈도 없었다. 회사는 성장했고, 이 경험을 통해 회사라는 곳이 돈만 버는 공간인 줄 알았는데 세상을 바꿀 수도 있는 곳이라는 걸 깨달았다.

물론 좋은 순간만 있었던 것은 아니다. 계속 잘나갈 줄 알았던 회사는 사정이 안 좋아지면서 직원을 30명에서 3명으로 줄었다. 입사 초, 남궁진아 대표는 기획 업무를 담당했는데 직원이 다 나가면서 디자인, 프로그래밍 등 갖가지 기술을 닥치는 대로 급하게 배워야 했다. 결국 회사는 문을 닫았지만 남궁진아 대표는 당시 동료이자 남자친구였던 예상욱 대표와 창업을 결심했다.

동네에 꼭 필요한 서비스를 구상하던 두 사람은 아파트 상가를 돌아다니면서 세탁소를 눈여겨봤다. 슈퍼마켓은 이미 배송 서비스를 제공했고, 부동산은 모바일 중개 서비스가 출시됐을 때였다.

그러나 세탁소는 블루오션이었다. 상가마다 세탁소가 있는데 여전히 20~30년 전 모델 그대로 운영되고 있었다. 마침 미국에서는 '워시오', 영국에서는 '런드랩'과 같은 세탁 배달 서비스가 이미 출

애플리케이션에서 세탁물 수거 시간을
선택할 수 있다

고객이 문 앞에 세탁물을 걸어두면
수거해간다

직영 공장에서 세탁물을 처리하는 동시에
동네 세탁소들과 계약을 맺어 세탁물을 처리한다

스타트업을 시작하고 자리 잡으려면 무조건 몸으로 부딪
혀야 합니다. 요즘 말로 '존버'한다고 하죠. 그런데 고객
의 말을 들으면서 버텨야 해요. 진성 고객들의 목소리는
악플이어서 괴롭더라도 반드시 보고 뼈에 새겨야 해요.

시돼 각광을 받고 있던 때였다. 두 사람은 멘토였던 권도균 프라이머 대표에게 400만 원을 지원받아 한 달 만에 서비스를 출시했다.

2015년 강남에서 서비스를 처음 시작한 세탁특공대는 세탁물을 수거해 세탁한 뒤 고객의 집 앞까지 배달해주었다. 일반적으로 동네 세탁소에 맡기는 드라이클리닝 외에 밀린 빨랫감까지 출동해 수거해주니 1인 가구와 맞벌이 가구에 특히 인기가 많았다. 현재는 서울 전 지역과 경기도 분당, 수지, 하남 지역 등에서 서비스하고 있다.

세탁을 맡기려면 세탁특공대 애플리케이션에 들어가서 세탁물 수거 시간을 선택한다. 고객이 문 앞에 세탁물을 걸어두면 수거해 가고, 세탁 후에는 직원이 다시 집 앞에 세탁물을 걸어둔다. 세탁특공대 직원과 고객이 직접 만나는 순간은 없다. 세탁물은 하루 이틀 안에 배송해주는 게 원칙인데 신발, 패딩 세탁이나 수선을 맡긴 경우에는 3일이 걸린다. 세탁이나 수선을 위해 직접 세탁소, 수선집을 오가는 수고를 덜었다는 것이 큰 장점이다.

아홉 번 잘해도 한 번 실수하면 안 좋게 기억된다

세탁업은 서비스 특성상 고객의 요구사항이 많고, 서비스 품질에 대한 기대치가 높다. 목욕재계한 세탁물이 깨끗해야 하는 것은 당연하지만, '깨끗함'에 대한 정의가 사람마다 다르기 때문이다. 그래서 소비자를 직접 상대하는 사업이 어려운데, 예상치 못한 크고 작은 이슈들을 자주 해결해야 한다. 상품이나 서비스에 대한 반응도 즉각적인데 이는 양날의 검이다. 소비자들의 좋은 피드백이 빨리 퍼지는 운 좋은 경우도 있지만, 상품이나 서비스 품질에 대한 안 좋은 피드백은 몇 배나 빠른 속도로 퍼져 나간다.

세탁특공대는 고객의 디테일한 요구를 최대한 반영한다. 애플리케이션을 통해 '내부 태그에 달려 있는 여분 단추로 코트 주머니에 단추를 달아주세요'라고 요청하면 이를 반영해준다. 바지 앞 주름을 꼭 잡아달라거나, 특정 부위의 얼룩을 제거해야 하는 경우에도 이용자가 사진을 찍어 애플리케이션을 통해 요청할 수 있다.

편리함과 신속함을 보장하면서도 가격은 합리적이어야 한다. 서비스를 즐겨 이용하는 젊은 고객들은 가격에 민감하기 때문이다. 세탁특공대는 동네 세탁소와 프랜차이즈 세탁소 가격의 중간 정도 가격대를 지향한다. 여러 편리함 때문인지 세탁특공대의 고객과 매출은 서비스 출시 이후 매년 두 배씩 뛰었다.

워시스왓은 직영 공장인 '그린 벙커'에서 세탁물을 처리하는 동시에 동네 세탁소들과 계약을 맺어 세탁물을 처리하고 있다. 균질한 서비스 품질을 유지하기 위해서 워시스왓의 퀄리티팀 직원들은 동네 세탁소에 나가서 물량을 검수한다. 아무리 세탁소 사장님들을 잘 교육시킨다고 해도 종종 문제가 생긴다. 그래서 직원들이 매번 세탁소 사장님들께 "바지 앞 주름 잡아주세요", "여기 얼룩진 부분은 다시 한 번 세탁해주세요" 같은 요구를 끝없이 하게 되는 것이다.

이렇게까지 해야 하는 이유는 무엇일까. 아홉 번 만족해도 한 번 불만족스러우면 그 서비스는 안 좋은 서비스로 기억되기 때문이다. 결국 세탁 서비스의 본질은 세탁 품질이다. 세탁물을 빨리 갖다주면 좋겠지만 그게 가장 중요한 것은 아니다. 품질이 안 좋으면 빠른 속도도 의미가 없다. 이 본질을 잘 아는 덕분인지 세탁특공대의 서비스를 마음에 들어 하는 고객들은 2~3년씩 꾸준히 이용하고 있다.

세탁특공대 고객들은 애플리케이션에서 채팅으로 서비스에 대해 쉽게 문의할 수 있다. 이러한 기능은 기술적으로 어렵지 않은 데 비해 고객 만족도는 굉장히 높다. 전통적인 방식의 영업, 서비스 형태를 벗어나지 못했던 세탁업을 애플리케이션을 통해 업그레이드했기 때문이다.

세탁특공대는 그간 서로를 불편해하고 때론 싫어했던 고객들과 세탁소 관계를 간파해 사업의 기회로 활용했다. 고객들은 동네 세탁소와 프랜차이즈 세탁소 모두에 불만이 많았다. 동네 세탁소는 불친절하기 일쑤다. 드라이클리닝을 여러 벌을 맡겨도 확인증 하나 안 주는 경우가 다반사다. 세탁물이 없어지는 경우도, 옷이 되레 망가지는 경우도 있다. 아직까지 현금만 받는 곳도 많다.

세탁소 사장님들도 억울하다. 문제가 생겼을 때 고객과 끝없는 설전을 벌이다 지친다. 수 년 전부터 급격히 늘어난 프랜차이즈 세탁소도 상황은 비슷하다. 고객 입장에서는 세탁하는 사람을 만날 수 없고, 옷을 접수받는 가맹점 직원은 못미덥다. 세탁물에 문제가 생기면 가맹점, 본사가 책임을 떠넘기는 경우도 다반사다.

악플에서도
배울 것은 있다

서비스 이용자는 날이 갈수록 많아졌지만 워시스왓의 고민은 깊어졌다. 주문량과 매출이 늘어난 만큼 적자도 증가했다. 품질은 지키면서 대량의 물량을 처리할 만한 시스템을 갖추지 못했기 때문이다. 세탁 품질을 지키려면 많은 직원이 파트너 세탁소 현장에 나가야 했고, 그 와중에 배송은 빨리 해야 했다.

서비스를 시작하고 만 3년이 다 돼가는 2018년 여름에는 월 거래량이 4억 원인데 서비스 유지에 들어가는 돈만 한 달에 2억 원이 넘었다. 매달 써야 하는 인건비도 어마어마했다.

투자가 절박했던 시기였지만 국내에서는 마땅한 투자자를 찾지 못했다. O2O 서비스로 돈을 벌기 쉽지 않을 때여서, 투자자들은 워시스왓의 성장 가능성을 의심했다. "왜 고객들이 애플리케이션으로 세탁을 주문해야 하나?", "그렇게 좋은 서비스라면서 왜 성장하지 못하고 있나?", "워시스왓만의 특별한 서비스는 무엇인가?" 하나같이 대답하기 쉽지 않은 질문들이었다.

그러던 차에 구원 투수는 예상치 못한 유럽에서 왔다. 2018년 1월 '애드벤처'라는 유럽펀드가 한국에 투자처를 찾으러 들어왔고 워시스왓이 이들의 눈에 띄었다. 결국 워시스왓은 애드벤처로부터 30억 원을 투자받았다. 국내 투자자들에겐 외면받았지만 애드벤처는 "서비스 지역이 이 정도 밖에 안 되는데 이만큼 실적을 내는 게 대단하다"며 워시스왓의 성장 가능성을 높게 평가했다. 미국·러시아·스페인 등 전 세계 청소·세탁 서비스에 투자한 이력이 있는 애드벤처는 워시스왓이 지속가능한 시스템을 갖출 수 있도록 체질을 개선하게 했다. 원가 구조를 하나하나 쪼개고, 분석하고, 비용을 '죽이는' 고통의 과정을 거쳤다. 그 결과, 워시스왓은 2019년 4월 국내 세탁 O2O 기업 최초로 흑자를 달성했다.

세탁특공대의 목표는 서비스가 전국적으로 확대되고, 또 젊은 사람들이 세탁업에 더 많이 뛰어드는 것이다. 또 세탁업에 대한 기존의 이미지도 변하길 바란다.

"스타트업을 시작하고 자리 잡으려면 무조건 몸으로 부딪혀야 합니다. 시작했으면 근성 있게 버티는 것이 필요해요. 요즘 말로 '존버'한다고 하죠. 그런데 그냥 무조건 버티는 것이 아니고, 고객의 말을 들으면서 버텨야 해요. 진성 고객들의 목소리는 악플이어서 괴롭더라도 반드시 보고 뼈에 새겨야 해요."

대기업까지 뛰어든 새벽배송 시장을 개척한

마켓컬리

입맛과 체질이 까다로운 사람들을 위한
깐깐한 먹을거리

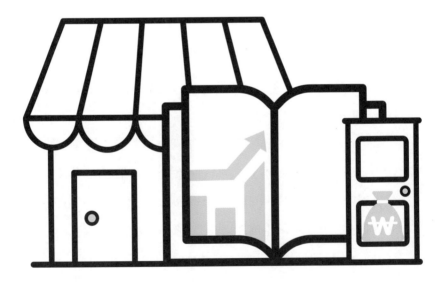

컬리
2015년
김슬아
2,200억

마켓컬리는 2015년 국내 최초로 신선 식품 새벽배송 서비스를 도입하면서 온라인 유통 시장의 판을 뒤흔든 게임 체인저다. 밤 11시까지 주문하면 다음 날 오전 7시 전까지 배송해주는 마켓컬리의 샛별배송(새벽 배송) 서비스는 출시 5년 만에 회원 380만 명을 모았다.

주문한 다음 날에 배송돼도 감지덕지하던 소비자들은 이제 새벽배송에 익숙해져 주문한 지 몇 시간 뒤인 다음 날 새벽에 배송받는 것을 당연하게 여기기 시작했다. 마켓컬리의 좋은 품질 덕분에 '온라인 쇼핑은 믿을 수 없다'는 의심도 옛말이 됐다.

스타트업인 컬리가 신선 식품 새벽배송 시장을 개척하자 신세계·롯데·GS 등 대기업들까지 뒤늦게 시장에 뛰어들고 있다. 자

135

본력 등만 따진다면 대기업이 금방 승기를 잡을 줄 알았는데, 뚜껑을 열어보니 꼭 그렇지만도 않다. 골리앗(유통 대기업)에 맞서는 다윗(스타트업)은 그래서 여유도 있고 자신감도 넘친다.

컬리의 김슬아 대표는 대학을 졸업한 후 투자 은행, 컨설팅 회사에서 커리어를 쌓았다. 유통, 식품과 전혀 상관없는 이력이었다. 하지만 일상 속 음식과 식생활은 그의 삶을 위태롭게 만들었다.

예민한 입맛과 체질 때문에 MSG를 먹으면 몸이 즉각 반응했고, 시중에 파는 국물 요리는 먹을 수가 없었다. 사 먹은 음식들은 성에 차지 않아 도시락을 싸 다니기 일쑤였다. 먹을 것을 두고 고민하는 그에게 "그럴 거면 직접 사업을 해보지 그러냐"는 남편의 권유에 따라 더파머스(이후 ㈜컬리로 사명 변경)를 설립하게 됐다.

건강한 음식에 대한 욕망은 점점 커지고 있다

김슬아 대표는 지금까지 마켓컬리에서 판매된 모든 제품을 맛본 유일한 사람이다. 그래서 어떤 제품이 고객에게 필요하고, 어떤 품질 기준을 맞춰야 하는지 가장 잘 안다. CEO로서 회사 업무를 챙기기도 바쁘지만, 매주 열리는 상품위원회에 한 번도 빠짐없이 참석하여 신상품을 엄선한다. 실제로 마켓컬리 고객들은 건강한 맛을 선호하는 웰빙족이 많다. 그래서 상품의 품질이 더욱 중요하다.

마켓컬리 품질 관리의 첫 번째 비법은 좋은 상품을 발굴하는 것이다. 어쨌거나 상품이 좋아야 그 이후에 관리를 잘하는 것이 의미가 있다. 매주 금요일에 열리는 상품위원회는 난상 토론의 장이다. 대표를 비롯한 회사 주요 임직원들이 모두 참석해 마켓컬리에서 판매할 상품을 결정한다. 모든 상품이 아닌 괜찮은 상품만 팔아야 한다는 철칙 때문에 많은 상품이 상품위원회의 관문을 통과하지 못하고 탈락한다. 실제로 마켓컬리의 상품은 다소 비싼 편이지만 그만큼 품질이 좋기로 유명하다. 처음 마켓컬리를 이용하는 고객들에게 가격이 진입 장벽이 될 수도 있었지만, 좋은 품질을 보장한 덕분에 많은 소비자를 끌어 모을 수 있었다.

상품위원회에 올라오기 위해서는 MD(머천다이저, 상품기획자)가 기획서를 써야 한다. 이 기획서의 70여 가지 품질 검수 기준에 맞춰서 상품을 평가하고, 보고한다. 축산, 청과, 가공식품 등 카테고리별로 적용시키는 기준이 다르다. 아이가 주로 먹는 제품은 더욱 깐깐하게 따지고, 위생과 안전은 더할 나위 없이 가장 중요한 평가기준이다. 품질 검수 기준을 통과해도 맛이 없으면 당연히 탈락이다. 상업성도 중요하다. 최대한 다양한 입맛을 가진 사람들을 만족시켜야 한다. 김슬아 대표는 여전히 자신의 업무 시간 중 15%를 상품 검토하는 데 할애한다. 본인처럼 건강하고 재료 본연의 맛을 좋아하는 사람들이 많은 것도 마켓컬리 고객들의 특징이다.

깐깐한 과정을 거쳐 물류센터에서 배송 준비 중인 상품의 모습

제품 선택보다 최상의 컨디션으로 고객에게 배송하는 것은 더 복잡한 영역이다

마켓컬리는 이용했던 사람들이 다시 찾습니다. 이 고객들한테 잘해야 해요. 이들이 오늘 느낀 불만을 해결하는 게 우선 과제입니다.

열심히 공부해야
거우 좋은 제품을 찾을 수 있다

컬리의 MD들은 마켓컬리의 진짜 '입'이다. MD들은 고객 380만 명을 대신해 전국 방방곡곡을 돌아다니며 좋은 상품을 찾아 나선다. 1년 내내 다이어트를 하는 다이어터부터 아기를 키우는 육아 대디까지 구성과 배경이 다양하다.

MD들은 길게는 수개월씩 치열하게 시장조사를 하는데, 두세 달에 신상품 한 개를 발굴해도 상관없다. 자신이 맡고 있는 분야를 가열차게 공부해야 진짜 괜찮은 상품을 발굴할 수 있기 때문이다. 한 분야만 파야 전문성도 생기고, 업계에서 네트워크도 생기고, 더 좋은 제품을 가져올 수 있는 눈을 키우는 선순환이 이루어진다. 예를 들어 정육 MD는 한때 서울대·건국대 등 축산학으로 유명한 학교의 교수님들만 만나고 다녔다. '소의 마블링은 어떤 것이 좋은 것이냐', '마블링이 왜 중요한 것이냐' 등 식품과 관련한 근원적인 지식부터 쌓았다. 수산물 담당 MD는 전국을 돌아다니며 전복 따는 곳만 찾아다닌 적도 있다.

신사동 사무실에는 그렇게 꼼꼼하게 시장조사를 마친 전국의 산해진미가 쉴 새 없이 모인다. 식문화 관련 트렌드를 제대로 파악하는 것이 곧 회사의 임무이기 때문이다. 상품 전략팀에서는 주기적으로 시장조사를 나가고 SNS에서 어떤 식품이 인기가 많은지 주간 리포트를 발행한다. 핫한 빵집이 생겼다고 하면 대표부터 직원까지 모두 달려가 일단 먹어보고 제품을 사와서 토론한다. 컬리는 애당초 음식 덕후들만이 버틸 수 있는 곳이다.

좋은 물건이 아니라면 ─
차라리 팔지 않는 게 낫다 ─

남다른 제품을 골랐다고 해도, 이 제품을 최상의 컨디션으로 고객에게 배송하는 것은 더 복잡한 영역이다. 상품 뒷단의 품질관리는 성실함이 전부다.

적정 온도로 상품을 관리하고, 입고하는 최적의 방식과 시간을 파악하고, 입고됐을 때의 퀄리티를 유지하는 것은 쉽지 않은 일이다. 특히 신선 식품 특성상 더욱 그렇다. 그럼에도 불구하고 상품을 최상의 컨디션으로 유지하기 위해 컬리는 5년 이상 매일 똑같은 일을 반복하고 있다. 상품을 팔아보고, 여러 상황을 경험하면서 '이렇게 하면 문제가 되는구나', '그럼 대신 이걸 매뉴얼에 넣어서 관리하자'와 같은 시행착오를 매일 겪고 매일 개선하는 것밖에는 답이 없기 때문이다.

복숭아를 예로 들어보자. 마켓컬리에서는 서울 장지동 물류창고에 입고되는 복숭아를 박스별로 열어 복숭아를 쪼개 당도를 체크

한다. 시중에 나온 최고 성능 당도계를 써도 오차 범위가 1~2브릭스다(12브릭스는 당도가 높아 달달한 맛이고, 9브릭스는 먹을 수 없는 지경의 당도). 당도 차이가 많이 나면 첫 번째 박스 복숭아는 달았는데, 그 다음 박스 복숭아는 달지 않을 가능성이 높다.

이렇게 당도 테스트를 하고 배송해도 "복숭아가 달지 않다"는 컴플레인은 들어온다. 과일 품질이 별로였다고 판단되면 컬리가 자진해서 구매자 전원을 대상으로 리콜을 진행하기도 한다. 리콜 대상인 고객들 중에는 '내가 먹은 복숭아는 달았는데…'라며 머쓱해하는 사람도 있다.

이렇게 품질에 깐깐하게 굴다 보니 농가와 애증의 관계에 놓이기도 한다. "과일을 아침에 따지 마세요", "비 온 직후에는 따지 마세요"와 같은 잔소리를 할 때도 있다. 상품의 품질이 기대 이하면 물건을 출고하지 않는다. 기준 이하의 물건이라면 차라리 배송하지 않는 게 낫다는 것이다.

자체 시스템으로 예측한 판매량만큼만 입고하는 것도 마켓컬리의 특징이다. 넉넉히 입고해서 오늘도 팔고 내일도 팔면 좋을 텐데, 그러면 품질이 떨어진다. 오늘 고객이 받아본 복숭아는 어제 오전 농가에서 딴 복숭아다. 일반 오프라인 매장에서는 농장에서 매대까지 24시간이 걸리는데 이 시간을 대폭 줄인 것이다.

대기업과의 경쟁도
두렵지 않은 이유는?

이렇게 간간하게 품질 관리를 한 결과, 온라인 쇼핑을 믿지 못하는 고객들도 마켓컬리를 찾기 시작했다.

마켓컬리는 2017년 465억 원에서 2018년 1,571억 원으로 매출이 약 3.4배 증가했다. 국내 온라인 신선 식품 새벽 배송 시장이 4,000억 원 규모인데 마켓컬리는 이 중 (매출 기준) 시장점유율 40%를 기록하며 1위를 차지하고 있다(2018년 기준).

2019년 현재 마켓컬리의 누적 투자액은 2,200억 원. 2019년 4월, 5월 연이어 1,000억 원, 350억 원 규모의 투자를 유치했다. 이를 통해 물류 인프라를 확장하고 적극적으로 인재를 영입하고 있다. 연이어 대기업들이 새벽배송 시장을 선점하기 위해 출사표를 던지고 있는데 불안하지는 않을까?

"경쟁에 크게 걱정하는 성격이 아니라서요. 우리가 오늘 고객을 100% 만족시킨다면, 그 고객들은 계속 마켓컬리에서 구매하실 거예요. 마켓컬리는 계속 이용했던 사람들이 다시 찾습니다. 이 진성 고객들한테 정말 잘해야 해요. 이들이 오늘 느낀 불만을 해결하는 게 우선 과제입니다."

18평 방앗간에서 미술랭으로 진출한
쿠엔즈버킷

참기름도 스타트업 아이템이
될 수 있다고?

'스타트업'이라는 단어를 들으면 어떤 단어가 연상되는가? '생긴 지 얼마 안 돼 위험하다', '힙하다', '연봉이 짜다', '직원들 나이가 어리다'와 같은 느낌을 말하는 이도 있고, '토스', '배달의 민족'과 같은 유니콘 기업으로 자리 잡은 회사를 말하는 이들도 있다.

이런 단어들은 실제로 일반적인 국내 스타트업을 설명하기에 적절한 단어일지 모른다. 그러나 세상은 넓고 스타트업은 많다. 스타트업에 대해 알아가다 보면 위험하지도 않고, 힙하지도 않고, 연봉이 높고, 직원들 나이가 많은 곳도 많다는 것을 금방 알 수 있다.

참기름 전문 스타트업 '쿠엔즈버킷'의 박정용 대표는 마흔다섯인 2012년에 지금의 회사를 세웠다. 한국의 창업자 평균 연령이 35세

정도인 것을 감안하면 창업자치고 나이가 아주 많은 편에 속한다.

40대 중반이었던 그가 인생을 건 아이템은 바로 참기름. 대한민국 가정집이라면 다들 한 병씩은 가지고 있다는 그 참기름으로 스타트업을 세운 것이다. 솔직히 스타트업이라고 하면 다들 좀 그럴싸한 사업 모델이나 아이템을 떠올릴 것이다. 그만큼 참기름은 힙한 아이템도 아니고, '이게 과연 잘 될까', '스타트업이라고 부를 만할까' 하는 편견이 생기는 것도 사실이다.

그러나 쿠엔즈버킷은 여러 가지 편견을 깨고 2019년 1월, 참기름 하나로 20억 원을 투자받았다. 투자자들이 기꺼이 투자금을 내준 것은 창업자 때문일까 아니면 참기름 때문일까.

누구도 '혁신'의 관점에서 바라보지 않던 시장

처음 박정용 대표를 만난 곳은 스타트업 관련 행사에서였다. 그날 주제는 '푸드 테크'였다. 자고로 푸드 테크라면 인공지능을 탑재한 로봇이 사람 대신 음식 한 접시 정도는 만들어서 내놓아야 하는 것 아닌가. 그런데 웬걸, 한 아저씨가 "참기름 한 번 시식해보라"며 참기름을 뜬 티스푼을 권했다. 현란한 정보 기술이 있어야만 스타트업을 할 수 있다는 편견이 깨지는 순간이었다.

처음 본 박정용 대표는 스타트업 CEO보다는 중견 기업 중역 같은 느낌이었다. 그러나 사실 그는 참기름을 들고 전국 방방곡곡과 전 세계를 누비는 멋진 창업자였다.

왜 하필 참기름이었을까. 박정용 대표는 창업 직전에 소금, 장 등 전통 식품을 만드는 장인을 발굴해 백화점 등에 판매할 수 있게 기획하는 식품 브랜딩 마케터로 잠시 일한 적이 있었다. 참기름은 그가 다루던 품목 중 하나였다. 국내 참기름 시장은 연간 5,000억 원 규모로, 전국에 참기름을 짜내는 방앗간만 약 12,000곳이 넘는다고 한다. 생각보다 큰 시장인 것이다.

그러나 참기름 시장은 아무도 '혁신'의 프레임으로 바라보지 않던 시장이기도 했다. 동시에 철저히 공급자 중심의 시장이었다. 수십 년째 기술 발전이 없었고, 심지어 공정이 투명하지도 않았다. 국산 참기름에 수입산 참기름을 섞어도 소비자들은 알 방법이 없었다. 그래서 참기름처럼 생긴 가짜 참기름이 나오는 것도 다반사였다. 이쯤 되니 속이지 않는 참기름 생산자를 찾는 게 일이 됐다.

좋은 제품이라면 ─
돈을 벌 수 있지 않을까? ─

누구도 참기름을 스타트업과 쉽게 연결하지 못하듯, 그 또한 참기름 시장에 도전하면서 '스타트업'이라는 단어를 쓸 것이라고 생각하지 못했다. 그저 욕심 없이 건강한 참기름을 만들면 돈을 벌 수 있지 않을까 하는 마음이 컸다. 그런데 연구하다 보니 참기름 품질에 욕심이 생기기 시작했다.

참기름의 제조 방식을 알면 왜 참기름도 스타트업 아이템이 될 수 있는지 알 수 있다.

쿠엔즈버킷은 2012년에 회사를 세우며 역삼동에 18평 남짓한 방앗간을 열었다. 여기에 들여온 것은 참기름 기계가 아닌 올리브유를 생산하던 기계였다. 그는 참기름을 만드는, 착유 방식을 바꿔보고 싶었다. 그냥 참기름 기계를 사서 사업을 진행해도 됐을 것이다. 그러나 그는 더 나은 결과, 좀 더 멋진 제품을 만들기 위해 실패를 자처했다. 좀 더 좋은 품질의 참기름을 만들기 위해서는 끊임없이 실험해야 했다.

대부분의 참기름은 고온 압착 방식으로 생산된다. 그래야 단시간에 많은 기름을 뽑을 수 있기 때문이다. 그러나 참깨(씨앗)가 타기 때문에 맛은 강해지고 영양소는 파괴된다. 이 과정에서 발암 물질인 벤조피렌이 발생한다.

그럼 낮은 온도에서 착유하면 어떨까? 생산량은 적지만 참깨 특유의 맛과 향이 살아 있는 참기름이 나온다. 이 결과를 이끌어내기 위해 박정용 대표는 전 세계를 돌며 열 곳의 기계 회사를 찾아다녔다. '실패한 건가'라는 생각이 들었을 때 "편하게 생산해서 팔라"는

기존의 고온 압착 방식과 달리 저온 압착 방식의 참기름 기계를 개발했다

은은한 향으로 해외 고객이
먼저 찾는 참기름

동대문에 위치한 쿠엔즈버킷 팩토리

유혹도 받았다. 그러나 결국 1년을 투자해 독일의 기계 회사와 새로운 저온 압착 방식의 참기름 기계를 개발했다.

쿠엔즈버킷 참기름이 나왔을 때, 시장의 반응은 엇갈렸다. 시중에 파는 참기름보다 맛이 은은하고, 가격은 더 비쌌기 때문이다. 그러나 한 번 맛본 사람들은 계속 찾았다. 홍보를 따로 하지 않았는데도 압구정 갤러리아 백화점 등에서 입점 제안을 했다. 사업 규모가 계속 커지면서 2018년에는 전라북도 익산에, 2019년에는 서울 동대문 한복판에 참기름 공장을 세웠다.

전통적인 맛만이
정답은 아니다

쿠엔즈버킷은 이제 글로벌 시장을 타깃으로 삼는다. 참기름으로 올리브유 시장에 도전장을 내민 것이다. 지난 20년간 미국과 유럽 기름 시장의 최강자는 올리브유로, 참기름은 아직 익숙하지 않은 상품이다. 일부 매장에서 한국·중국·일본산 참기름을 판매하지만 색과 향이 진해서 아시아 요리를 할 때만 사용하는 재료로 인식한다. 고소한 참기름 냄새를 스컹크 냄새의 악취에 비유하는 이도 있다. 쿠엔즈버킷의 참기름은 은은한 향으로 그런 거부감을 줄였다.

예리한 해외 바이어들이 쿠엔즈버킷의 진가를 알아봤다. 홍콩

프리미엄 슈퍼마켓인 '시티 슈퍼'를 시작으로 미국·싱가포르의 미슐랭 레스토랑이 쿠엔즈버킷을 찾았다. 이로써 쿠엔즈버킷은 그간 올리브유가 꿰차고 있던 프리미엄 오일 시장을 본격적으로 공략할 예정이다.

쿠엔즈버킷의 동대문 공장에는 '도심형 오일 팩토리'라는 멋진 이름이 붙어 있는데, 건물도 모던함 그 자체다. 해외 관광객이 붐비는 서울 시내 한복판에 선 이 건물에서는 오직 참기름만을 다룬다. 지하 1층은 참깨 보관 창고, 1층은 판매 전시장, 2~3층은 참깨를 씻고 볶는 곳, 4층은 베이커리, 5층은 이벤트 공간이다. 통유리로 돼 있어 공장에서 제조 과정을 직접 확인할 수 있다. 하루에 참기름이 1,000병 정도 제조되는데, 20팀 정도의 관광객들이 이 제조 과정을 보기 위해 방문한다.

그런데 왜 하필 동대문에 공장을 차렸을까? 쿠엔즈버킷은 현대적인 형태의 방앗간이 도심에도 있어야 한다고 생각했고, 참기름도 올리브유처럼 건강한 식재료가 될 수 있다는 것을 보여주고 싶었다. 요즘에는 생산과 물류비용을 아끼기 위해 그나마 도심 가까이 있던 생산 시설도 교외나 지방으로 나가는데 쿠엔즈버킷은 정반대의 선택을 한 것이다. 이는 회사의 철학을 보여주는 것으로, 비용만 생각했다면 절대로 불가능했을 일이다.

이제는 어디서든 먼저 찾아와주는 참기름 기업이 됐지만 쿠엔즈버킷도 힘들 때가 있었다. 참기름이 아이템이다 보니 투자자들에게 문전박대를 당하기도 일쑤였다. 투자사였던 스파크랩도 처음에는 테크 업계와 너무 다른 분야인 참기름 제조사가 지원서를 접수해서 깜짝 놀랐다고 한다. 그러나 투자자들은 기꺼이 박정용 대표와 쿠엔즈버킷의 성장 가능성에 베팅을 했다. 다소 올드해 보일 수도 있는 사업 아이템을 '혁신'으로 바꾼 그의 부단한 노력과 직접 만든 기술 덕분일 것이다.

법칙

4

밀레니얼 세대를 넘어
Z세대를 잡아라

밀레니얼 세대 사로잡은 자산 관리 애플리케이션

뱅크샐러드

평소 느꼈던
금융 서비스에 대한 불만,
직접 해결한다

레이니스트
2014년
김태훈
189억

　　이 책을 쓰면서 스타트업 창업자를 너무 미화하거나 영웅시하지 말자고 여러 번 생각했다. 여기서 소개하는 회사 대부분이 훌륭한 성과를 내고 있다 보니 창업자까지 그저 멋지게만 표현할 수 있기 때문이다. 하지만 사업도 결국 사람이 하는 것이니, 흠결도 있기 마련이다. 인성, 능력 모두 뛰어난 창업자도 있지만, 그렇지 않은 사람도 있다.

　　그렇지만, 그럼에도 불구하고 이 업계에는 훌륭한 사람이 정말 많다. 젊은 나이가 믿기지 않을 정도의 관록이 느껴지는 사람도 많다. 창업가 대부분이 험지에서 무(無)에서 유(有)를 일군 경험을 갖고 있기 때문일 것이다.

　　자산 관리 솔루션 '뱅크샐러드'를 만든 김태훈 레이니스트 대표는 재주도 많고, 경험도 많은 사람이다. 흔히 벤처캐피털에서 초기 단계의 스타트업에 투자할 때 가장 눈여겨보는 것 중 하나가 창업자의 능력 즉, 창업자의 '됨됨이'라고 한다. 김태훈 대표에게 사업 이야기를 듣다 보니 '아, 이런 사람이 만드는 회사라면 200억 가까이 투자받을 만하구나'라는 생각이 절로 들었다.

호떡 장수가 자산 관리 서비스를 시작한 이유는?

김태훈 대표의 대학 시절 이야기는 창업에 관심이 있는 이들에게 좋은 자극이 될 것 같다. 스타트업 창업자라면 학생 때부터 엄청난 대외활동을 하거나 이미 성공을 거뒀을 것 같지만 꼭 그렇지만도 않다.

그가 사업가로서 자신의 역량을 가장 처음 검증한 것은 호떡 노점상이었다. 군대에 입대하기 전, 돈을 벌고 싶어 시작했는데 이왕 하는 거 제대로 해보고 싶은 마음에 부산 유명한 씨앗호떡 집을 찾아 기술을 배웠다. 종잣돈을 벌기 위해 공사판에서도 일하고 과외도 했다(평범한 대학생이었다면 과외만으로 충분했을 것이다).

그는 '서강대 태훈이와 주웅이가 만든 호떡(일명 서태웅 호떡)'을 하루에 500~600장 팔며 학교 주변에서 명물이 됐다. 작지만 결코

작지 않은 성공을 거둔 그는 사업에 대한 자신감이 생겼다.

"학교에서는 학문을 배워도 감정 이입이 안 되더라고요. 경영학과에 다녔는데 '내가 경영을 잘하나?'라는 생각이 들어 실험하고자 하는 마음에 호떡 장사를 했어요. 한 번은 회계사 시험에 합격한 후배 10명과 '관리 회계' 수업을 들었는데 제가 1등을 했어요. 원가, 회전율 등의 개념은 호떡 장사에 비유하면 엄청 쉽거든요. 실제 사업 경험은 전략적인 사고를 하는 데 도움이 됐습니다."

김태훈 대표는 이후 대선 후보자들의 공약을 분석해 자신에게 맞는 후보를 추천해주는 서비스도 만들었다. 어떤 분야든 불균등한 정보 비대칭 문제를 해결하면 사업으로 연결시킬 수 있겠다 싶었다.

본격적인 사업을 시작하면서는 금융 분야를 사업 무대로 택했다. 정보기술이 아무리 발전해도 오프라인에 단단한 기반을 두고 있는 곳이 금융이었다. 전통 금융 회사들이 철옹성같이 견고한 지위를 유지하고 있어서 스타트업이 끼어들 자리도 없어 보였다.

'내 소비 패턴에 맞는 신용카드를 추천받을 수는 없을까?'

전쟁터를 '금융'으로 정하고 나니 금융 서비스에 가지고 있던 이런저런 불만이 마구 떠올랐다. 그리고 2014년 8월, 뱅크샐러드는 개인 맞춤형 카드 추천 서비스로 시작했다. 그렇게 시작한 서비스는 2020년 현재 애플리케이션 하나로 자산 관리와 관련 궁금증을 해결할 수 있게 됐다. 현재 뱅크샐러드의 카드 추천 서비스로 발급

되는 신용카드는 월 5,000장이 넘는데, 모 신용카드 월 신규 발급 건수가 3,000장인 것을 감안하면 엄청난 양이다. 설계사의 영업을 통해 불필요한 카드를 발급받거나 연회비만 비싸고 혜택도 안 좋은 카드를 발급받을 가능성도 크게 줄어든다.

아무리 좋은 서비스도 매력이 없으면 찾지 않는다

뱅크샐러드에서는 어떤 데이터를 연동하느냐에 따라 이용할 수 있는 서비스가 달라진다. 은행, 카드, 증권, 보험, 부동산, 자동차, 연금 등 우리가 자산으로 여기는 모든 개념이 다 포함돼 있다. 심지어 건강 검진 결과까지 연동시킬 수 있다.

뱅크샐러드는 사용자가 현재 자산을 기반으로 미래 자산을 예측할 수 있게 하는 등 현명한 소비와 재테크를 돕는다. 그동안 이런 방식으로 굴리고 있는 돈은 190조 원, 누적 다운로드 수는 500만을 넘었다. 정부가 2020년도 한 해에 굴리는 예산이 512조 원이라고 하니, 그 3분의 1 정도를 하나의 애플리케이션이 굴리고 있다고 보면 된다.

한 개의 애플리케이션으로 다양한 서비스를 구현하기까지 수년이 걸렸다. 뱅크샐러드는 은행, 보험사 등에 흩어져 있던 데이터를

뱅크샐러드가 그동안 굴린 돈은 190조 원, 누적 다운로드 수는 500만을 넘었다

아이디어로 승부를 봐야 하기 때문에 개그 콘서트에 버금가는 회의를 한다

90년대식의 '적금 드세요'와 같은 마케팅은 버렸습니다. 소비자의 라이프스타일을 파악해 공감하고 격려해주는 것이 관건입니다.

쉽게, 많이 가져오기 위해 관련법을 개정하고 여론을 모으는 것에 힘썼다. 학교 앞에서 호떡 장사를 하던 정신으로 3년 동안 청와대, 국회 등 문을 안 두드린 곳이 없다. "왜 관련법을 개정해주지 않나요?"라고 따지기 전에 공무원 입장에서 필요한 논거를 만들어 설득했다. 금융은 결국 규제 산업이라는 걸 알고 있었기 때문에 노력할 수밖에 없었다.

아무리 멋진 사업 모델이어도, 소비자 관점에서 이용할 만한 매력이 없으면 낙제점이다. 그런데 뱅크샐러드는 사용자 입장에서도 매력적인 서비스다. '금융비서' 탭을 누르면 대화체의 친절한 말투로 내 자산과 정보에 대한 '팩트 폭격'이 이어진다.

지난 한 주 동안 카드 결제를 많이 했더니 "이번 주는 지출이 좀 많은 편이네요!"라는 알림이 떴다. 씀씀이가 줄지 않자 결국 금융비서가 폭발했다. "뭐가 당신을 이렇게 만든 거죠?" 오늘도, 내일도, 모레도 술 마시는 사람이 갑자기 일주일간 음주 관련 결제가 없었다면? "건강하셔서 축하드려요!"라는 메시지가 반겨줄 것이다.

"90년대식의 '적금 드세요'와 같은 마케팅은 버렸어요. 소비자의 라이프스타일을 파악해 공감하고 격려해주려고 합니다. 제일기획 출신의 브랜드 기획자가 금융비서 서비스를 총괄하고 있어요. 이 조직은 매번 개그콘서트 기획 회의에 버금가는 회의를 합니다. 아이디어로 승부를 봐야 하니까요."

일반적인 금융 애플리케이션의 알림은 사용자가 클릭하는 비율이 1~2%에 그친다고 한다. 그러나 뱅크샐러드의 금융비서 메시지는 60% 이상 클릭한다.

밀레니얼이 몰려오니 ─ 전통 금융권이 따라 온다 ─

젊고 톡톡 튀는 금융 서비스에 가장 먼저 열광하는 것은 사회 초년생으로, 밀레니얼 세대의 소비 패턴은 남다르다. 한 달 내내 아르바이트로 모은 돈을 좋아하는 가수의 콘서트 티켓을 사는 데 쏟아 붓는다. 가치 있다고 생각하는 것에 돈을 아끼지 않는다. 그렇게 자신만의 소비 패턴을 구축해가는 이들에게 뱅크샐러드는 좋은 조언자다.

밀레니얼이 열광하니 그다음으로 반응하는 것은 전통 금융권이다. 우리은행, KB국민은행 등이 뱅크샐러드와 손잡았다. 찾아가야 만날 수 있던 사람들이 이제는 먼저 뱅크샐러드의 문을 두드린다. 김태훈 대표가 은행장이나 임직원 앞에서 강연하는 것도 흔한 일이 됐다.

뱅크샐러드는 2015년 시드 투자 19억 원을 시작으로 2017년 30억 원, 2018년 140억 원을 연이어 유치했다. 누적 투자 금액은 189억 원이다. 통상 누적 투자 금액은 스타트업의 성장성을 가늠

할 때 참고하는 지표다. 그런데 뱅크샐러드의 서비스를 직접 사용해보니 굳이 투자 금액을 몰라도 성장 가능성이 충분한 회사라는 것을 알 수 있었다.

김태훈 대표는, 현실은 냉엄하기 때문에 내가 가진 모든 계급장을 떼고 소비자 앞에 맨몸으로 나서야 한다고 말한다. "그럼 사업은 하지 않는 게 좋을까요?"라고 물었더니 이렇게 말했다.

"창업만큼 개인의 역량을 키워주는 일은 없습니다. 인간관계부터 사업 노하우까지 많은 역량이 쌓여요. 다양한 문제를 해결해야하니 그만큼 성숙한 생각과 관점도 가지게 되죠. 창업이야말로 감히 좋은 진로라고 말할 수 있습니다!"

솔직한 리뷰로 강사들 벌벌 떨게 하는 사이트

별별선생

돈을 쓰기 전에는
반드시 타인의 경험을 참고하는
요즘 사람들

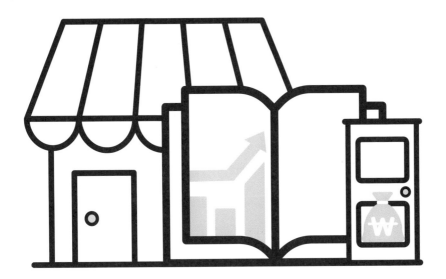

나는 육아용품이나 생필품을 살 때 구매 후기를 찾아보고 드라마, 영화 리뷰도 종종 찾는다. 주로 무언가를 구매할 때 즉, 돈을 써야 할 때 타인의 경험을 참고하는 것이다. 사용해보고 싶은 제품이나 서비스를 이용해본 사람의 경험을 참고해야 나도 구매할지 말지를 판단할 수 있다. 그런데 요즘은 정보가 너무 많다. 그래서 진짜 정보와 가짜 정보를 구별하는 일은 어려워지고 있다. 리뷰를 열심히 읽다 보면 이런 생각이 든다. '이거 광고 아닐까? 돈 받고 쓴 글 같은데?'

합리적 의심인 게, 실제로 대가를 받고 리뷰나 후기를 작성하는 경우가 많기 때문이다. 인스타그램에 숱하게 등장하는 유료광고나 'AD(광고)'라는 해시태그, 블로그 포스트에 "본 후기는 상품만 제공받고 솔직하게 사용한 뒤 작성한 리뷰입니다"와 같이 리뷰는 양반이다. 아주 치밀하게 순수 후기로 포장한 유료 광고는 나조차 구별할 방법이 없다. PR이나 홍보하는 입장에서는 굉장히 영리한 마케팅 기법이라고 생각할지도 모른다. 그러나 치밀하게 숨겼다가 소비자가 결국 광고라는 것을 알아차리거나 과하게 포장된 후기와 실제 제품이나 서비스의 차이가 크다면 오히려 광고를 안 하느니만 못하다.

시험에서 자유로운 사람이 얼마나 될까?

'별별선생'은 공무원, 수능, 영어 등 각종 선생님 163,000명에 대한 리뷰 43만 개를 모은 플랫폼이다. 한마디로 우리나라 온·오프라인에서 이름 좀 알려진 사교육 강사들에 대한 리뷰가 모두 있다.

미안한 이야기이지만 이런 서비스가 잘되고 있다는 이야기를 전해 들었을 때 맨 처음 든 생각은 의구심이었다. '이 많은 리뷰가 정말 광고가 아닌 순수한 후기라고?' 리뷰 수십만 개의 정직함과 순수성을 유지하는 방법과 수익 창출 방식이 궁금했다.

박세준 대표는 왜 하필 이런 사업 아이템을 구상했을까. 그는 학부 시절 자주 들어갔던 '레이트 마이 프로페서(rate my professors)'라는 미국 사이트가 떠올랐다고 한다. 이 사이트에는 현재 교수 170만 명의 강의에 대한 1,900만 개 리뷰가 올라와 있다. 학사, 석사 과정 할 것 없이 어지간한 교수와 강의에 관련된 정보는 다 있다. 평점, 재수강률은 물론 해당 교수와 강의를 설명하는 해시태그도 제공한다. 박세준 대표는 이런 사이트를 만들되, 사업성을 갖추기 위해 사교육 분야에 대해 다뤄보기로 했다.

우리나라는 사교육의 나라다. 나이가 어릴수록 더 많은 사교육을 받는다. 한국교육개발원(KEDI)이 2020년 발표한 '교육여론조사' 결과에 따르면 초·중·고 학부모 중 약 98%가 현재 자녀에게 사교육을 시키고 있다고 응답했다. 사실상 모든 학생이 사교육을 받는 것이나 마찬가지다.

그렇다면 성인이 되면 사교육을 졸업할까? 그것도 아니다. 대학 입학보다 더 어려운 취업을 앞두고 있기 때문이다. 자격증이 있어야 진입할 수 있는 직업도 많다. '사' 자로 끝나는 직업은 왜 이리 많은지. 수백분의 일의 경쟁률을 이기고 합격해야 하는 공무원 시험은 말할 것도 없다. 학생들에게 학원 강사는 입학, 취업의 문턱을 넘어 인생의 과제를 해결해주는 선생님, 그 이상의 존재다. 강의료는 문제가 아니다. 비싼 강의를 들어야 할지 고민될 때 참고할 만한 후기가 별로 없다는 게 문제였다.

진짜 리뷰로 —
'댓글알바'를 퇴치하기 위해 —

컨설팅 회사를 퇴사한 박세준 대표는 노량진 학원가를 돌아다니며 한 계절을 보냈다. 퇴직금 대부분은 학생들을 만나고 리뷰를 받는 데 썼다. 수업을 듣고 나온 학생들에게 강의와 강사 리뷰를 요청하면서, 꼭 솔직하게 써달라고 했다. 정성스럽게 쓴 리뷰의 대가는 3,000원이었다.

2017년에 시작한 별별선생의 주요 타깃은 공무원 시험 시장이었다. 이 시장은 가장 크고 매력적인 사교육 시장이면서 별별선생이 뛰어들기 좋은 시장이기도 했다. 이유는 이렇다.

① 수험생만 연간 60만 명이 넘고, 가장 빨리 성장하고 있다.
② 시장이 크다 보니 학원, 강사 정보에 대한 갈증이 아주 크다.
③ 정작 시장 자체는 너무 혼탁하여 댓글 알바가 판치고 있다.

원래 댓글 알바라는 말은 정치권에서 등장한 용어인데, 사교육 시장에서도 빈번하게 쓰인다. 강사들이 수강생을 모으기 위해서 아르바이트를 고용해 후기를 조작하는 경우가 많았기 때문이다.

그래서 더욱 별별선생은 정직한 리뷰를 모으는 여러 정책을 갖추고 있다. 일단 자신이 수강했던 강의에 대한 솔직한 리뷰 한 개

별별선생의 8단계 리뷰 검증 시스템

강사별 평점을 한눈에 볼 수 있다

모든 후기가 등록되는 것은 아니고
반려되는 후기도 있다

만 올리면 나머지 모든 리뷰를 볼 수 있다. 단, 내 리뷰가 사이트에 올라간다는 보장은 없다. 광고나 거짓으로 의심되거나 불성실한 리뷰는 제외된다. 별별선생에서는 '리뷰 승인률'이라는 개념을 사용하는데, 리뷰 승인률은 64%다. 오늘 100개의 리뷰가 올라왔다면 그중 36개는 채택도 안 되고 지워지는 것이다. 그래서인지 높은 평점을 받은 순서대로 보여지는 강사 랭킹에 대해 "돈을 줄 테니 올려달라"는 업체나 강사의 요구도 많았다.

정직한 리뷰를 축적하기 위한 8단계 시스템도 도입했다. 자체 개발한 '워치온'이라는 시스템은 리뷰의 신뢰도를 검증하는 장치다. 작성자의 IP(인터넷 주소), 키워드 등을 분석해서 광고인지 아닌지 판단한다. 상업적인 리뷰를 쓰는 사람들이 습관적으로 쓰는 말투도 골라낸다.

이런 노력을 통해 런칭 초기에 수천 개 수준이었던 리뷰는 이제 43만 개가 넘는 방대한 데이터베이스가 됐다. 공무원 강의 시장으로 서비스를 시작했지만, 이제는 경찰·소방 공무원, 외국어 자격증, 수능, 대학교 강의 관련 리뷰까지 모으고 있다.

믿을 만한 정보가 있는 곳에
사람이 몰린다

별별선생의 진짜 타깃은 현재 수강하는 강의에 만족하는 사람들보단 불만족하는 사람들이다. 강의나 강사가 마음에 들지 않아 다른 강의로 갈아타려는 사람들 혹은 이 분야 강의를 처음 듣는 사람들이 리뷰를 더 필요로 하기 때문이다.

'이 회사가 정말 많은 고민을 하고 서비스를 개발하고 있구나'라는 생각은 별별선생 서비스 곳곳에서 든다.

'환승후기'도 참신하다. A선생님에게서 수업을 듣다가 B선생님 수업으로 갈아탈 때 쓰는 리뷰다. 사실 강의는 주관적인 판단이 많이 작용하기 때문에 수강생 본인의 공부 스타일 등을 참고할 수 있다면 더 좋을 것 같았다.

10년 전보다 지금, '진실된 정보'에 대한 사람들의 기준은 더 높다. 그래서 진짜 믿을 만한 정보가 모인 곳에 사람들이 몰릴 수밖에 없다.

별별선생은 그동안 15억 원을 투자받았다. 2019년 8월에는 중소벤처기업부 '팁스' 프로그램에 선정되기도 했다. 팁스는 우수한 기술력을 보유하고, 글로벌 진출 가능성이 높은 스타트업을 지원하는 정부의 기술창업지원 프로그램이다. 이 투자금은 리뷰의 신뢰도를 분석하고, 비정상적인 데이터를 걸러내는 기술을 만드는

데 사용될 예정이다. 고도의 기술을 활용해서 별별선생이 끝까지 지켜야 할 가치는 '신뢰도'인 것이다. 그것이 이 회사의 핵심 경쟁력이기도 하다.

이러한 관점에서 별별시장은 시장을 잘 선점했다. '크레딧잡', '잡플래닛'이 회사를, '망고플레이트'가 식당을, '화해' 애플리케이션은 화장품을 평가한다. 그러나 사람 자체를 평가하는 플랫폼은 그간 잘 없었다. 별별선생은 서비스 이름처럼 강사에 대한 평가로 시작했지만 웨딩플래너, 중고차 딜러도 신뢰도 있는 평가가 반드시 필요한 시장이다. 별별선생이 어디까지 사업 범위를 넓힐 수 있을지 기대된다.

쇠락해가는 미디어 업계에 등장한 미꾸라지

아웃스탠딩

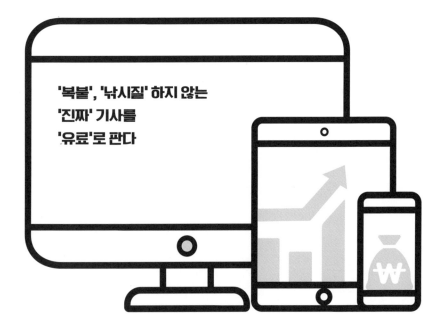

'복불', '낚시질' 하지 않는
'진짜' 기사를
'유료'로 판다

내가 몸을 담고 있는 미디어 업계는 '디지털 전환(Digital transformation)'으로부터 가장 큰 타격을 받은 대표적인 산업군이다. 종이와 텔레비전을 기반으로 성장해왔던 신문사, 방송사들은 이제 디지털 플랫폼에 밀려 경쟁력 있는 저널리즘과 수익 모델이 무엇인지 동시에 걱정하는 신세가 됐다. 언론사와 기자 수는 갈수록 많아지는 반면 신문·텔레비전 광고 수익은 급감하니 '먹고사니즘'이 최우선 과제가 된 것이다.

미디어 스타트업 '아웃스탠딩'은 빠른 속도로 쇠락하고 있는 국내 미디어 업계에 갑자기 나타나 신선한 충격을 주는 동시에 동종 업계 종사자들에게 힘찬 질문을 던지는 미꾸라지 같은 회사다.

아웃스탠딩이 보여주는 활약과 방향성을 짚다 보니 나 또한 자문하게 된다. "우리는 진정 독자를 위한 기사를 쓰고 있나?" 혹은 "미디어의 수명은 언제, 어디서 판가름 날까?"와 같은 근원적이고도 뼈아픈 질문이 떠오른다. 그만큼 아웃스탠딩은 국내 뉴미디어 중에서 손꼽히게 존재감 있는 곳이다. 많은 전통 미디어가 최근 자주 참고하고 벤치마킹하는 언론사로 이곳을 꼽는 이유다.

포털에서 기사를 읽는 독자들에게 언론사 이름을 슬그머니 가린 채 어디서 쓴 기사인지 알겠냐고 물으면 과연 몇 명이나 대답할 수 있을까. 언론계에 종사하는 나조차 맞힐 수 없을 것 같다. 기사 문체와 형식, 내용이 그만큼 대동소이하고 차별화되지 않기 때문이다.

그런데 아웃스탠딩 기사는 형식부터 다르다.

> "맥주의 청량감을 대리하는 그들. (가수 강다니엘 사진) 이 남자. (셰프 고든 램지 사진) 저 남자. (김혜수와 김태리 사진) 그녀들. 맥주 브랜드의 마케팅에서도 톱스타 모델의 가치는 크죠."

이 문장은 수제 맥주 브랜드인 제주맥주의 마케팅 전략에 대한 기사 첫 문장이다. 첫 문장이 끝나자마자 대뜸 연예인 사진 여러 장을 연거푸 배치하는 것도, "가치는 크죠"와 같은 친구가 옆에서 말하는 듯한 기사체도 신박하다. 재미있는 블로그를 읽는 것 같기도 하고, SNS 피드에서 흔히 볼 수 있는 포스트 같기도 하다. 어찌

됐든 네이버 뉴스에서는 쉽게 보기 힘든 형식이다.

쇠퇴해가는 시장에도 ―
기회는 있을까? ―

신박한 기사 전개 방식을 새로운 '그릇'에 비유할 수 있다면, 그릇 안에 담기는 음식 또한 아웃스탠딩에서는 차별화된다.

> "문간방에서 코리빙스페이스까지… 1인 주거 시장 연대
> 기(feat. 기자 경험담)"
> "GS25가 20년 만에 CU를 추월하게 된 이유"
> "왜 배달의민족은 요기요의 제안을 받은 것일까"

제목에서도 알 수 있듯이 평범한 기사가 없다. 복붙(복사해서 붙이기) 한 것 같은 스트레이트 기사도 찾아볼 수 없다. 대신 기자, 외부 필자들의 시선이 도드라지는 분석이나 설명 기사가 많다. 이 정도면 뉴스 소비자들도 기사를 유료로 볼만하겠다고 생각할 만하다. 기사들을 살펴볼수록 아웃스탠딩이 자신만만하게 유료 서비스를 운영하는 것이 납득됐다. 현재 아웃스탠딩의 정기 구독자가 되려면 월 6,900원, 연간 82,800원을 내야 한다.

아웃스탠딩은 뉴스토마토 기자 출신인 최용식 대표가 2015년 후배인 최준호 기자와 함께 창업한 언론사다. 경제지 IT팀에서 각각 4년 반, 2년 반 기자로 일했던 이들이 언론사를 직접 차린 것은 어떻게 보면 크게 놀랄 일은 아니다.

창업을 한 계기는 크게 두 가지였다. 대부분 언론사들이 광고 수익에 절대적으로 의존해서 생존하는 중인데, 이 광고 영업을 기자들에게 부담을 지우는 경우가 많았다. 최용식 대표는 이것이 윤리적이지 않다고 봤다. 두 번째는 포털 중심의 뉴스 생태계 때문이었다. 독자들이 네이버나 다음이라는 브랜드를 인식할 수는 있지만, 기자의 이름과 기사를 인식하기는 어렵다는 문제의식이 있었던 것이다.

입사 후 줄곧 IT 분야 취재만 담당했던 최용식 대표는 스타트업 대표들과 교류하면서 창업가로서의 인사이트를 키울 수 있었다고 한다. 시간이 지날수록 언론계의 문제점도 보였고, 솔루션도 보였다. 해답은 '디지털라이징'이라고 판단하고는, 후배인 최준호 기자를 꼬드겨 창업했다.

뭔가 세상을 바꾸거나 혁신하겠다는 거대한 포부보다 기자로서 건전하게 커리어를 이어가고 싶었다. 하지만 시대 상황 때문에 그럴 수 없어 직접 회사를 차리게 된 것이다.

◯ 아웃스탠딩의 기사 목록

◯ 이제 전자책 플랫폼 '리디'
구독자들도 아웃스탠딩 기사를
볼 수 있다

네이버나 쿠팡을 쓰면서 평소 불편하게 느꼈던 점들은 어느새 개선돼 있어요. 그러나 언론사는 50년도 넘은 기사체와 조직 문화를 아직까지도 유지하고 있죠. 이건 쿠팡과 반대되는 '공급자 중심의 마인드' 때문이에요. 새로운 서비스를 만들면 철저히 이용자 중심으로 사고하자, 아니 그냥 모든 걸 싹 다 바꾸자고 생각했어요.

뉴욕타임스가 아닌 ─
쿠팡을 벤치마킹하라 ─

창업 초창기부터 벤치마킹한 회사는 외국 유수의 언론사들이 아니다. 〈뉴욕타임스〉보다 쿠팡과 티몬이 더 좋은 자극제였다. 그 결과 '독자 우선 주의'가 아웃스탠딩의 주요 가치가 됐다.

"네이버나 쿠팡을 쓰면서 평소 불편하게 느꼈던 점들은 말하지 않아도 어느새 개선돼 있어요. 그러나 언론사는 50년도 넘은 기사 체와 조직 문화를 아직까지도 유지하고 있죠. 이건 쿠팡과 반대되는 '공급자 중심의 마인드' 때문이에요. 새로운 서비스를 만들면 철저히 이용자 중심으로 사고하자, 아니 그냥 모든 걸 싹 다 바꾸자고 생각했어요. 실제로 아웃스탠딩은 제작·유통·비즈니스 등 모든 것을 이용자 친화적, 디지털 친화적으로 설계했습니다."

최용식 대표는 창업 직전까지 IT 관련 콘텐츠만 만들어왔기에 콘텐츠의 품질을 높게 유지하는 것은 그 누구보다 자신 있었다. 그러나 콘텐츠가 좋아도 사업성 측면에서 실패하는 경우도 부지기수다. 과거 여러 뉴미디어 스타트업들이 소리 소문 없이 문을 닫은 것도 이 같은 이유 때문이었다.

업무 방식도 기존 언론사들의 관습을 탈피하려고 했다. 대부분의 기자는 하루에도 여러 건의 기사를 작성하고 취재해야 한다. 기업을 취재하는 기자들은 특히 주요 보도자료를 기사로 내보내야 하고, 담당하는 기업들과 지속적으로 커뮤니케이션해야 하는 부담도 있다. 아웃스탠딩은 이 같은 규칙을 내려놨다.

"보도자료, 당직, 출입처 관리, 행사 동원 모두 없음. 대신 일주일에 좋은 기사 두 건만 쓸 것."

기존의 언론사에서는 이런 근무 원칙을 실험하기 쉽지 않다. 장기간 구축해온 업무 방식이 있고, 매일 메워야 할 지면이 있고, 전통적인 기사에 익숙한 독자들이 있기 때문이다. 아마도 이 같은 파격적인 실험을 하려면 기자들조차 위험하다고 반대할 수 있겠다는 생각이 들었다. 아웃스탠딩이 형식에 얽매이지 않을 수 있는 것은 회사가 그만큼 작고, 젊은 조직인 동시에 조직원들이 새로운 것을 추구할 때 얻을 수 있는 가치를 이미 잘 체감하고 있기 때문일지도 모른다.

아웃스탠딩이 새로운 시도와 실험으로 얻은 것은 로열티가 높은 독자층이다. 독자들 상당수는 IT 산업에 종사하거나 해당 분야에 관심이 많은 직장인들이다. 전체 독자 중 30%는 5년 미만의 주니어 연차, 30%는 5년 차 이상의 시니어 연차, 30%는 회사 임원 및 대표들이다. 직군으로 보면 개발자·기획자·디자이너·마케팅 등 다양하게 분포돼 있다.

밀레니얼이 보는 ─
신문이 되기 위해 ─

아웃스탠딩만의 참신한 기사들은 SNS에서 입소문이 나면서 더욱 유명해졌다. 언론사들이 기사를 노출하는 플랫폼으로 페이스북·인스타그램을 활용하지만, 아웃스탠딩처럼 처음부터 SNS를 주요 플랫폼으로 활용하는 곳은 흔치 않다.

최용식 대표는 네이버에서 어뷰징 기사(낚시성 기사)를 쓸 바에야 내 이름을 걸고 내 기사를 소개하겠다는 마음이 컸지만, 현실적으로 신생 언론사가 포털과 제휴를 맺어 기사를 내보내는 것은 어려웠다고 말했다. 이왕 이렇게 된 것 아예 SNS를 주 무대로 삼기로 했다.

SNS라는 좋은 사업 플랫폼을 잘 활용하는 데는 아웃스탠딩만의 원칙이 필요했다. "독자의 문제 제기나 질문에 가급적 빠르게 응대한다", "악플에는 답하지 않는다", "화를 내거나 격정적인 토론을 하지 않는다", "잘못된 부분에 대해서는 겸손히 받아들이고 시정한다"와 같은 규칙들이 대표적이다.

SNS를 잘 활용한 결과, 아웃스탠딩은 기성 언론 기사들에 그다지 친숙하지 않았던 밀레니얼 세대들에게도 꽤 익숙한 브랜드로 자리 잡아 가는 중이다.

초기 자본금 1억 원, 투자금 2억 원으로 비교적 단출하게 시작한 아웃스탠딩은 2018년 12월 전자책 서비스 전문 기업 '리디'에 인수

되며 투자금 회수에 성공했다. 2015년 1월에 창간한 후 약 4년 만이다. 아웃스탠딩의 전 직원이 콘텐츠 제작자이기 때문에 경영·기술 토대가 취약했는데, 때마침 콘텐츠 생산과 동영상 등 새로운 트렌드에 대응하기 시작한 리디가 인수 제안을 했다. 일반적으로 인수·합병의 절차를 밟으면 양측의 조직 문화와 비전이 달라 순탄치 못한 경우가 많다. 그러나 아웃스탠딩과 리디 두 회사는 '유료 콘텐츠 플랫폼'을 만들겠다는 방향에 공감했고, 서비스 협력을 이어가고 있다. 이제 리디의 구독자들도 아웃스탠딩 기사를 볼 수 있다.

디지털화와 글로벌화는 이미 모든 직업 패러다임을 바꿨고, 유망 직종과 사양 직종 간의 엄청난 차이를 만들어내고 있다. 최용식 대표는 "스스로 커리어를 강화하고 리스크를 방어하기 위해서는 고급 정보와 이 고급 정보를 해석할 수 있는 인사이트가 필수"라고 하면서 "아웃스탠딩은 이걸 쉽고 재미있게 해나가고 싶다"고 말했다.

미디어를 즐겁게 갖고 노는 아웃스탠딩의 실험은 오늘도 계속되고 있다.

스푼라디오

젊은 세대를 이해하려 하지 말고
데이터로 파악하라

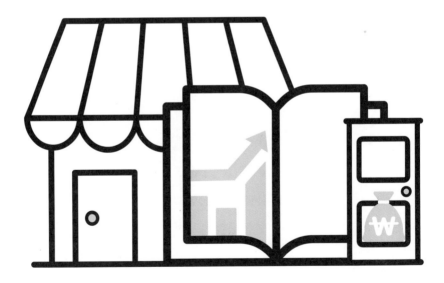

spoon

마이쿤
2013년
최혁재
680억

남녀노소 모두가 유튜브를 보고 만드는 요즘, 영상도 아닌 오디오 그중에서도 7080 감성에 가까워 보이는 라디오 DJ 콘셉트의 방송 플랫폼이 인기라고 한다. 화려한 눈요기에 이미 익숙해진 사람들이 오디오만으로 만족한다고?

놀라운 건 이런 아날로그 방송에 가장 열광하는 게 다름 아닌 'Z세대(1995~2005년 사이에 태어난 세대)'라는 점이다. Z세대는 공부해서 이해할 수 있는 세대가 아니다. 이들의 기호와 취향은 있는 그대로 받아들여야 한다. 그렇기 때문에 Z세대를 대상으로 비즈니스하기란 쉽지 않다. 아날로그 라디오 방송도, 팟캐스트도 아닌 '스푼 라디오'는 어떻게 Z세대를 사로잡은 걸까.

집중하지 않아도 돼서 —
좋다고? —

2016년 3월 서비스를 시작한 스푼라디오는 '라디오계의 유튜브'를 지향한다. 유튜브에 다양한 영상과 라이브 방송이 있는 것처럼 스푼라디오도 다양한 콘텐츠를 다룬다. 크게 보면 두 가지 종류의 방송이 있는데, 녹음 파일을 올리는 캐스트 방송과 실시간으로 진행하는 라이브 방송이 그것이다. 음악을 함께 듣는 방송부터 책을 읽어주는 방송, 크리에이터(DJ)들과 대화를 나누고 사연을 들려주는 방송, 랩 배틀 방송, 수면을 유도하는 방송도 있다. 청취자들은 아이템을 결제해 즐겨 듣는 크리에이터들을 후원할 수도 있다. 아프리카TV나 유튜브에서 아이템을 결제해 크리에이터를 후원하는 것과 같은 방식이다. 그래서 스푼라디오에서 인기 있는 크리에이터들은 연간 수억 원을 벌고, 이들은 '스푸너'라는 신조어로 불린다. 비디오와 오디오라는 차이가 있기는 하지만 스푼라디오도 유튜브와 비슷한 서비스 모델을 가진다고 볼 수 있다.

스푼라디오를 듣는 10명 중 7명은 Z세대다. 그래서 스푼라디오의 콘텐츠는 말랑말랑하고 진입 장벽이 낮다. 어려우면 안 되고 언제, 어디서 틀어도 부담 없어야 한다. 멀티태스킹에 강한 이들은 한 번에 여러 일을 동시에 하는 걸 즐기는데, 이들이 일상생활에서 계속해서 즐길 만큼 스푼라디오 콘텐츠는 부담이 없다. 영상보다 피로감이 덜한 것도 오디오의 장점이다. 어릴 때부터 스마트 디바이스와 함께 성장해온 이들은 디지털 네이티브 세대이기 때문에 편하고 자연스러운 디지털 콘텐츠만 즐기며 소화한다. 어렵고 딱딱하면 안 되는 것이다. Z세대들은 '언택트'를 선호하기 때문에 오디오를 선호한다는 분석도 있다. 크리에이터 입장에서도 편리하다. 영상보다는 오디오가 제작, 편집하기가 훨씬 간단하다. 얼굴을 보이지 않아도 되고, 자신의 음성을 녹음해서 곧장 올리거나 마이크 장비를 준비해 방송을 시작하면 된다. 걸어가면서, 지하철을 타고 가면서 방송하는 크리에이터도 많다.

그런 점에서 스푼라디오에서 생산되는 오디오 콘텐츠는 시사·재테크 등을 다루는 팟캐스트와 차별화된다. 모바일을 통한 라디오 방송이라고 하니 팟캐스트와 비슷할 것 같지만, Z세대에게는 〈힐링은 내가 잘하지〉, 〈저녁에 듣기 너무 좋은 목소리〉, 〈우리가 더 가까워지는 시간〉과 같은 스푼라디오 방송이 〈김용민 브리핑〉, 〈정치신세계〉 같은 팟캐스트 방송보다 가깝게 느껴진다.

모두가 가지 않은 길, 가도 될까?

처음부터 스푼라디오가 성공한 것은 아니었다. 연구원 출신인 최

녹음 파일인 캐스트 방송과 실시간으로 진행되는 다양한 라이브 방송을 들을 수 있다

크리에이터들과 대화를 나눌 수 있고,
아이템을 결제해 즐겨 듣는 크리에이터들을 후원할 수도 있다

우리는 Z세대를 이해할 수 없어요. 같은 한국말을 쓰고, 비속어를 쓰는 게 아닌데도 그들의 말을 알아듣지 못합니다. 대신 데이터를 보는 데 집중하고 있어요. 그들이 오래 머무르고, 오랜 시간 소비한 콘텐츠라면 그 콘텐츠는 좋은 콘텐츠입니다.

혁재 대표는 동생인 최혁준 부대표와 함께 마이쿤이라는 회사를 차렸다. 두 형제가 처음 구상한 서비스는 배터리 공유 서비스 '만땅'이었다. 스마트폰 배터리가 지금과 같은 일체형이 아닌 분리, 교체할 수 있을 때 필요한 서비스였다. 최혁재 대표는 배터리를 하루에 적게는 4~5개, 많게는 10개 이상 쓰면서 배터리 충전에 대한 불편함을 느꼈고, 홍대 등 시내에서 '만땅'인 배터리로 교체해주는 서비스를 시작해 좋은 반응을 얻기 시작했다. 초기 투자금 2억 원을 유치하며 순항 중이었던 사업은 예상치 못한 난관을 맞이했다. 삼성전자가 배터리 일체형 스마트폰을 출시한 것이었다. 여기에 저렴한 보조 배터리까지 시장에서 보편화되기 시작했다. 공유 배터리 사업 '만땅'은 그렇게 사라졌다.

첫 사업을 접은 마이쿤의 눈을 사로잡은 건 2015년 당시 유행하던 익명 SNS였다. 마침 같이 일하던 회사 사람들도 본인의 힘든 이야기를 익명으로 온라인에 올렸다. 여기서 스푼라디오에 대한 아이디어가 생겨났다. 힘든 이야기를 타이핑하는 것보다 넋두리하면서 말할 수 있는 서비스를 만들어보자는 것이 시작이었다. 말하자면 '목소리로 말하는 대나무 숲' 같은 공간이었다. 그러나 서비스를 구상하던 2015~2016년은 이미 유튜브를 비롯한 비디오 서비스가 각광받던 시기였고, 네이버와 카카오도 자신들의 비디오 서비스를 런칭하며 성장하던 때였다. 모두가 비디오를 외칠 때 홀로 오디오의 길을 택하는 것이 두렵지는 않았을까? 최혁재 대표는 라디오 콘셉트를 리뉴얼해 오디오 시장을 선점하면 가능성이 있을 것이라고 생각했고, 이 시장도 빅 플레이어들이 몰려올 것이라고 내다봤다. 물론 전 세계 오디오 시장은 비디오 시장의 5분의 1 정도밖에 안 되기 때문에 오디오 시장의 한계가 있는 것도 사실이다.

Z세대를 이해하려면 데이터를 분석해라

그럼에도 스푼라디오가 빠르게 성장할 수 있었던 배경 중 하나는 서비스 초기 단계부터 국내뿐 아니라 글로벌 시장에 진출했기 때 문이다. 현재 일본과 베트남, 미국 등 총 10여 개 국가에 서비스하 고 있고 전 세계 사용자는 한 달에 약 220만 명 정도, 하루에 새로 생겨나는 방송은 약 26,000개 정도다.

스푼라디오를 성공적으로 운영하고 있는 최혁재 대표에게 Z세 대를 어떻게 분석하는지 물었다.

"우리는 Z세대를 이해할 수 없어요. 같은 한국말을 쓰고, 비속어 를 쓰는 게 아닌데도 그들의 말을 알아듣지 못합니다. 자신들만의 신호를 주고받고, 그 신호가 모여서 문화를 이룹니다. 기성세대가 이해하려고 노력해도 힘들지요. 대신 데이터를 보는 데 집중하고 있어요. 그들이 오래 머무르고, 오랜 시간 소비한 콘텐츠라면 그 콘텐츠는 좋은 콘텐츠입니다."

스푼라디오는 전문적으로 데이터를 분석하는 팀을 꾸렸다. 모바일 체류 시간, 재방문 비율, 1인당 지출하는 금액 등을 분석해 한 고객이 평생 이용하는 금액의 합계를 산출한다. 10~20대들의 변화는 너무 빠르기 때문에 데이터를 기반으로 수요와 움직임을 예측하는 것이 그나마 최선의 방법인 것이다.

스푼라디오를 운영하는 마이쿤은 2019년 12월 KB인베스트먼트, 캡스톤파트너스, 네이버 등 7개 회사로부터 450억 원을 투자 유치했다. 누적 투자금은 680억 원이다. 마이쿤이 이번 투자에서 인정받은 기업 가치는 약 3,000억 원이다. 투자를 단행한 KB인베스트먼트는 "스푼라디오가 글로벌 서비스를 제공하는 국내 플랫폼 기업으로는 최고의 유니콘 기업이 될 것이라고 판단했고, 해외 진출을 적극적으로 할 수 있게 지원할 예정"이라고 밝혔다.

북미 시장 진출을 준비하는 스푼라디오의 각오도 당차다.

"인테리어든 모빌리티든 각 업계마다 업계를 주도하는 리딩 컴퍼니가 있잖아요. '우버가 발표했다', '에어비앤비가 발표했다'와 같은 말에는 트렌드가 숨어 있죠. '스푼은 이렇게 일한다더라'라고 말하면 그게 가이드처럼 여겨지는 리딩 컴퍼니가 됐으면 좋겠어요. 우리의 사업과 기술을 보여줄 수 있는 개발자 컨퍼런스도 열고요."

패피들의 생활 필수 애플리케이션

스타일쉐어

MZ세대
"정보좀요(ㅈㅂㅈㅇ)" 댓글이
알려주는 것들

최근 인기를 끄는 서비스들은 사람들의 숨은 욕구를 간파해 비즈니스 모델을 만들었다는 공통점이 있다. 왜냐하면 의식주와 같은 기본 욕구를 채워주는 상품과 서비스는 이미 포화 상태이기 때문이다.

　대신 21세기 비즈니스는 이보다 한 단계 더 진화한 숨은 욕구를 노린다. 나의 일상이 좀 더 힙해 보이고 싶은 욕구가 있는 사람에게는 '인스타그램'이 적당하고, 빨래가 세탁·건조 기능을 거쳐 정갈하게 개어져 있기까지 바란다면 '세탁특공대'를 이용하면 되고, 사람들과 지적 교류를 하고 싶다면 '트레바리'에 가입하면 된다. 이들은 한 문장으로 딱 표현하기 애매한, 굳이 입으로 표현해본 적 없는 숨은 니즈를 공략해 서비스로 잘 만든 사례다.

옷 좀 입는다는 인플루언서들의 SNS 계정을 보면 "원피스 정보 좀 부탁드려요", "귀걸이 어디 건가요?", "립스틱 몇 호 색상인가요?"와 같은 질문이 댓글창을 도배한다. 왜 연예인도 아닌 이들에게 정보를 물어보는 걸까? 이런 생각을 한다면 당신은 아직 트렌드를 모르는 것이다.

예전에는 텔레비전에 나오는 '김희선 언니'의 옷을 따라 사고 싶었다면, 이제는 SNS 속 수많은 인플루언서에게 이 같은 욕구를 투영한다. 지나가던 사람들이 대신하여 댓글로 패션, 뷰티 정보를 알려주기도 한다. 특히 MZ세대(밀레니얼+Z세대)에게는 온라인으로 각종 패션 정보를 공유하는 것이 일상이다.

이제는 연예인이 아닌 ──
일반인들의 패션이 궁금한 시대

SNS 기반의 쇼핑 플랫폼 '스타일쉐어'는 젊은 세대의 패션 정보 공유 욕구를 타깃으로 시작한 서비스다. '저 사람이 입은 저 옷, 저 신발… 예쁜데 어느 브랜드지?'에 대한 정보를 신속하게 제공하면서 원하면 바로 그 아이템을 살 수 있으니 편리함은 덤이다. '패피(패션 피플, 옷 잘 입는 사람)'를 팔로우해 정보를 계속해서 받아볼 수도 있고, 요즘 유행하는 아이템이 무엇인지도 직관적으로 알 수 있다. 사

진 속 아이템 정보가 궁금하다며 남기는 댓글인 '정보좀요(ㅈㅂㅈ
ㅇ)'라는 말도 스타일쉐어에서 유행이 시작됐다.

젊은 세대의 욕구를 족집게같이 집어낸 스타일쉐어는 설립 10년
차에 접어든 중년 스타트업이다. 윤자영 스타일쉐어 대표는 2011년
6월 SNS 플랫폼 스타일쉐어를 처음 열었고, 2020년 1월 현재 스타
일쉐어의 누적 가입자 수는 620만 명이 넘는다.

전기전자공학을 전공한 공대생이었던 윤자영 대표의 관심사는
패션이었다. 패션 잡지를 탐독하고, 길거리에 지나가는 여성들의
옷이 어느 쇼핑몰에서 판매되는지 단번에 알아봤다. 그러면서도
패션이 업이 될 것이라고는 생각해본 적이 없었다.

그러면서도 대학 때부터 창업가가 되기 위해 철저히 준비해왔는
데, 공대생이었지만 디자인 경영학회 활동을 했다. 교양 수업을 들
으면서는 소비자 중심으로 접근해야 혁신을 만들어내는 기업이 될
수 있다는 사실에 감명받았다. 책에 적힌 이론을 배우는 것을 넘어
서 실제로 그 과정에 뛰어들고 싶다는 열망도 커졌다. 하루하루가
마음이 급했던 윤자영 대표는 졸업장을 받기도 전에 사업을 시작
했다.

윤자영 대표의 아이디어는 평범한 사람들을 위한 실용적인 패션
정보가 잘 없다는 데서 출발했다. 정말 궁금한 건 텔레비전 속 연
예인이 입은 브랜드가 아닌 다음 주 동아리 OT 갈 때 입고 갈 옷,
옷 잘 입는 내 옆자리 친구가 오늘 입었던 옷인데 이에 대한 정보

스타일쉐어의 윤자영 대표

옷 좀 입는다는 사람들의 OOTD를
확인할 수 있는 '데일리룩',
판매 정보와 링크도 제공된다

브랜드와 크리에이터가 협업해,
고객과 실시간으로 소통하고
상품을 판매하는 '스쉐라이브'

를 알려주는 곳이 없었기 때문이다. 패션 잡지는 가깝지만 먼 사이였다. 수백만 원짜리 명품 가방과 구두만 나와 있어 참고하려야 참고할 수 없었다.

아이디어를
서비스로 발전시키는
역량이 진짜다

시장을 조사하고 서비스를 구상하기까지 3년의 시간이 걸렸다. 무엇보다 성실함과 거침없는 성격이 가장 든든한 사업 밑천이었다. 윤자영 대표는 3년 동안 사업 계획서만 들고 정말 많은 사람을 만났다. 스타일쉐어와 비슷한 서비스를 찾아 영국에 가기도 하고, 사업 조언을 받고 싶어서 이니시스 창업자였던 권도균 프라이머 대표 강연장에도 쫓아갔다. 학내 창업 지원단, 동아리를 통해 만난 경영학과 선배들, 웹페이지와 애플리케이션을 만들 줄 아는 고등학생도 만났다. 소개할 패피들을 찍기 위해 도산공원부터 뉴욕 맨해튼 소호까지 갔다.

세상을 바꿀 뛰어난 아이디어만이 사업의 능사가 아니다. 아이디어를 실제 서비스로 발전시키는 것이 진짜 사업 역량이지 않을까.

스타일쉐어는 패션 정보에 목말라 있던 여성들을 꽉 붙잡았다.

15~25세 여성들 10명 중 6명은 스타일쉐어를 사용한다. '데일리 룩'을 누르면 옷 좀 입는다는 사람들의 'OOTD(outfit of the day, 오늘의 패션이란 뜻의 신조어)'가 끝없이 나온다. 판매 정보와 링크는 덤이다. 써보고 싶던 신상 화장품 리뷰도 부지런히 올라온다. 마음에 든다면? 클릭하여 구매하면 된다. 마음에 드는 패피는 팔로잉하고, 팔고 싶은 옷은 '플리마켓'에 내놓을 수도 있다. 패션에 관심 많은 사람 입장에서는 애플리케이션 하나로 모든 것을 할 수 있는 셈이다.

본격적으로 서비스를 런칭한 것이 2011년 9월. 그로부터 꽤 오랜 시간이 흘렀지만 스타일쉐어가 꾸준히 성장하는 이유는 '스쉐러(스타일쉐어를 사용하는 사람들을 일컫는 말)'를 만족시키는 기능을 우선 배치하고, 세부 기능을 세심하게 수정해나가는 노력이 뒤따랐기 때문이었다. 비슷한 서비스가 스타일쉐어의 후발 주자로 나섰지만 금방 사업을 접었다.

스타일쉐어의 경영 철칙은 다음과 같다.

❶ 진짜 소비자가 원하는 걸 보여주자

기존 쇼핑몰은 고객들에게 일방적으로 이런저런 브랜드를 제안한다. 하지만 스타일쉐어는 애플리케이션 출시 후 4년간 축적된 댓글, 좋아요 개수, 검색어를 분석해 사용자들이 가장 좋아하는 브랜드를 추려 입점을 제안했다. 사업성을 판단할 때는 브랜드 업력, 규모보다 사용자들의 브랜드 인지도를 기준으로 했다.

❷ 불편한 점은 바로 해결하자

스타일쉐어는 무통장 입금이 전체 결제의 30%를 차지한다. 휴대폰 결제도 안 쓰고, ATM 기계를 찾아다니며 입금하는 고객들이 있는 것이다. 그래서 신용카드가 없는 스쉐러들의 편의를 위해 애플리케이션에서 나오는 고유 바코드를 들고 가서 편의점에서 현금으로 결제할 수 있는 기능을 제공했다.

❸ 소비자가 더 잘될 수 있게 돕자

스타일쉐어에서 인기를 얻은 이용자들은 자신의 유튜브 채널이나 개인 마켓을 연다. 이들은 자신의 취향을 또래에게 소개하고, 실제 또래 집단에 강력한 영향력을 미치는 브랜드가 된다. 온라인에서 10대의 영향력은 어마어마하다.

네이버를 비롯한 대기업이 스타일쉐어에 도전장을 냈지만 다들 고배를 마셨다. 스타일쉐어는 시장에서 견고하게 우위를 차지할 수 있던 이유를 '평범함'이라고 말한다. 평범한 일반인이 자신의 스타일에 대해 말하는 공간으로 자리 잡은 덕분에 평범한 사람들의 니즈를 공략할 수 있었다는 것이다.

SNS가 성공하기 위해서는 사용자 간의 '연대감'도 중요하다. 플랫폼 내부에서 유통되는 정보의 균질함과 구성원의 공통된 '스피릿'은 보이지 않는 연대감을 만들어준다. 연대감은 곧 스타일쉐어에 대한 사용자들의 높은 충성도로 이어졌다. 일단 스타일쉐어를 한번 쓰기 시작한 사람들은 꾸준히 방문했다. 페이스북과 인스타그램이 잠시 떴다가 가라앉지 않고 일상생활에 스며든 이유도 이런 맥락에서 이해할 수 있다. 해당 서비스들이 추구하는 '연결성'이라는 가치에 이용자들이 모두 공감하고, 또 이용자들로 하여금 서비스를 꾸준히 방문하게 만드는 것이 보이지 않는 메커니즘이다.

스타일쉐어는 직접적인 수익을 낼 수 있는 커머스 사업을 애플리케이션 출시 5년 차인 2015년에 시작했다. 수익 모델을 빨리 붙여야 한다는 성화도 있었지만 우리만의 문화를 만들고 그것을 지켜나가는 것이 중요하다고 생각했기 때문이다. 당장 수익 창출 압박을 받는 대기업이었다면 구조적으로 이와 같은 서비스를 지속하기 어려웠을지도 모른다.

현재까지 스타일쉐어의 누적 투자액은 550억 원이다. 윤자영 대표는 "투자를 받을 때는 성과와 가능성 두 가지만 입증하면 된다"며 "성과를 만들기 위해 우리가 현재 하고 있는 행동과 시행착오까지도 함께 보여줘야 한다고 생각한다"고 말했다. 그리고 그다음에는 미래에도 지속적으로 성과를 낼 수 있다는 점을 증명하면 된다.

스타일쉐어는 투자자들에게 약속했던 것처럼 양적으로도 매우 빠르게 성장하고 있다. 2018년 3월에는 GS홈쇼핑의 자회사였던 온라인 패션몰 '29CM'을 인수하며, 연 거래액 1,200억 원을 넘겼다. 스타일쉐어는 1525세대를, 29CM는 2535세대를 집중 타깃으로 정해 사업을 확장하는 전략을 취하고 있다.

윤자영 대표는 "수년 내에 우리 회사가 10대부터 30대까지 트렌드를 좌우하는 젊은이들에게 '쇼핑' 하면 가장 먼저 떠오르는 회사가 될 것"이라고 말했다.

법칙

5

선한 영향력을
팔아라

돈 내면서 책 읽는 우아한 지적 연대

트레바리

진짜 빅 비즈니스는
10년 뒤에 뜨는 사업이 아닌
10년이 지나도
변하지 않는 사업

트레바리
2015년
윤수영
50억

TREVARI

스타트업이라고 하면 많은 사람이 인공지능, 블록체인 등 첨단 기술을 도입해 제품과 서비스를 개발하는 기업을 떠올린다. 그러나 스타트업이라고 해서 반드시 고도의 기술이 들어간 상품을 만드는 것은 아니다. 발상의 전환을 통해 기존 사업 모델이나 제품에 혁신을 가하거나 개인과 사회에 긍정적인 변화를 가져오는 결과물을 만드는 기업도 스타트업이다.

독서 모임 기반의 커뮤니티 서비스 트레바리는 이런 측면에서 우리 사회에 긍정적인 변화를 가져오는 유익한 스타트업이다. 이회사는 바쁜 현대 사회에서 실종되고 있던 사람들 간의 지적 교류를 상업적인 서비스로 양성화시켰다. 특출난 기술이나 가시적인 제품은 없지만, 유료 독서 모임을 통해 바쁜 현대인들이 소홀히 해왔던 지적 활동과 연대를 가능하게 한다는 점에서 사회적 가치와 경제적 가치 두 마리 토끼를 모두 잡았다고 볼 수 있다.

사회·경제 모든 분야가 온라인과 모바일로 패러다임이 옮겨가고 있는 와중에, 트레바리는 오프라인을 통한 멤버들의 활동을 장려한다. 사업이 지향하는 방향이 요즘 시대와 역행하는 것 같지만, 그래서 역으로 시장에서 통하고 사람들에게 좋은 반응을 얻었다.

트레바리는 가입부터 활동 조건까지 절대 만만치 않다. 4개월 치 회비 19~40만 원을 사전에 납부하고, 같이 읽을 책은 자비로 구입해 미리 읽고 와야 한다. 400자 이상 독후감도 미리 제출해야 오프라인 모임(클럽)에 참석할 수 있다. 독후감 마감 시간도 칼같이 체크한다. 한 달에 한 번 열리는 모임은 기본 4시간이고, 새벽까지 이어지는 경우도 많다.

비싼 돈을 내고, 독후감도 쓰고, 오프라인 모임에 시간까지 투자해야 하는데도 트레바리는 수도권에 사는 20~40세대 사이에 금방 입소문이 났다. 인기 있는 클럽은 모집하자마자 금방 마감된다. 2015년 회원 40명으로 시작한 서비스는 4년 만에 유료 회원 6,000명, 독서 모임은 380개로 늘었다. 이 같은 상승세를 몰아 2020년 1월에는 강남역 부근에 11층 규모의 독서 전용 빌딩을 오픈했다.

가장 잘할 수 있는 일을 ─
사업으로 ─

트레바리의 윤수영 대표는 밀레니얼 세대(1980년대 초반~2000년대 초반 출생한 세대) 사업가다. 경영학과를 졸업한 뒤 2014년 포털 다음커뮤니케이션의 마지막 공채 신입사원으로 입사했는데(마지막 신입사원이 된 것은 그가 입사한 해에 카카오와 다음이 합병했기 때문이다), IT의 중심이 PC에서 모바일로 완전히 넘어가던 시기이기도 했다.

윤수영 대표는 입사한 지 1년이 안 돼 창업을 결심한다. 직원으로서 다음커뮤니케이션이 카카오에 인수 합병되는 과정을 지켜본 것도 그의 창업 본능을 자극했다.

"PC 시절에 한가락 하던 다음도 모바일에는 적응을 못 했어요. 제가 그나마 모바일에 잘 적응했는데 그 이유는 '어려서'였죠. 10년, 20년 뒤 또 다른 바람이 불면 저도 회사의 아저씨들처럼 되지 말란 법이 있나 싶었습니다. 바퀴벌레 같은 생존력과 적응력을 키워야겠다고 생각했죠."

그는 본인이 가장 잘하는 일을 사업으로 시작하고 싶었고, 마침 대학교 때 중학교 동창들과 독서 모임을 꾸려 수백 명 규모로 키운 경험이 있었다. 사회적인 의미도 있으면서 돈도 벌 수 있는 일을 하고 싶어서 생각해낸 것은 '유료 독서 모임'으로, 그동안 시장에 존재하지 않았던 서비스였다. 예전에는 종교나 학교라는 환경이 사람들의 지적인 성장과 공동체적 연대를 가능하게 했다. 그러나 21세기는 개인화, 최적화, 모바일화가 최우선시 되는 사회다. 그럼에도 불구하고 사람들은 지적으로 성장하고, 가치를 공유하고 교류하고 싶어 한다. 이들을 위한 독서 모임이 생기고 많아지면 세상에 도움이 될 것 같았다. 독서가 좋다는 건 누구나 다 아는 사실이지만 그렇다고 해서 모두가 다독(多讀)하고 정독(精讀)하지는 못하기 때문이다.

왜 돈을 내고 책을 읽을까?

누군가는 왜 돈을 내고 책을 읽느냐고 물을지 모르겠지만, 실제로 사람들은 트레바리에 기꺼이 많게는 수십만 원을 내고 책을 읽기 시작했다. 사람들은 책을 읽고, 자신의 생각을 글로 쓰고, 배경이 다른 사람들과 어울려 경험을 교류하는 것에 크게 만족했다. 다양한 시선을 나누면서 편협해지지 않을 수 있고, 비슷한 주제의 책에 관심 있는 사람들이 모이면 책에 대한 감상을 넘어 삶의 가치관까지도 공유하게 된다. 클럽에 참석한 젊은 남녀들이 연결되는 경우도 많아 일명 '듀오바리'라는 별명도 따라다닌다.

트레바리의 독서 클럽 한 곳에는 평균 15~20명의 회원이 가입

평균 한 클럽에 15~20명의 회원이 가입하고
한 달에 한 번 오프라인 모임을 한다

미리 독후감을 제출해야
오프라인 모임에 참여할 수 있다

정기 독서 모임 이외에
단발성 세션도 열린다

하는데 주제는 모두 다르다. 마케팅·문학·젠더 등 넓은 주제부터 무라카미 하루키·강원국 등 특정 작가를 주제로 삼은 곳도 있다. 회원 모집이 쉽지 않은 고루한 주제의 클럽도 있지만, 의미만 있다면 회사 차원에서 모임 개설을 밀어붙인다. 젠더 주제는 한때 비인기 테마였지만 최근에는 인기가 크게 많아졌다. 4개월간 생산적인 논의를 한 클럽은 토론의 결과물을 책으로 출판하기도 한다.

트레바리에는 젊은 세대들이 많지만, 중장년층 회원도 많다. 정기 독서 모임 외에도 '중국 IT 업계 뽀개기', '밀레니얼이 반응하는 콘텐츠 전략' 등의 단발성 세션도 매달 30회 가까이 열린다. '세상을 더 지적으로, 사람들을 더 친하게'라는 회사의 비전에 맞는 일이라면 독서 모임 말고도 할 게 무한정 많다는 게 트레바리의 생각이다.

트레바리 클럽 중에는 김소영 전 대법관, 김상헌 전 네이버 대표, 이정모 서울시립과학관장 등 사회 명사들이 클럽장을 맡고 있는 곳들도 많다. 이들 클럽장이 선정한 책을 읽고 함께 토론까지 할 수 있으니 회원들의 만족도도 높다. 명사를 섭외하기 위해서 삼고초려 하는 경우도 부지기수다. 이들을 클럽장으로 초빙하면 홍보 측면에서도 도움이 되지만 더불어 우리 시대의 어른과 젊은 세대가 지적으로 교류하고 서로에게 영감을 준다는 점에서도 의미가 있다.

독서 모임이 열리는 트레바리 아지트는 압구정에서 시작해 강남, 안국, 성수까지 늘어났다. 오프라인 모임 외에도 온라인으로 고객을 더 확장할 수 있도록 기술 관련 인력도 보강할 예정이다.

'문송'한 사람만이 — 볼 수 있는 것들 —

비슷한 사업 모델을 가지고 있는 회사가 없으니 경쟁자도 없는 걸까. 윤수영 대표는 "누군가 '주말에 트레바리 갈까, 넷플릭스 볼까'라고 고민한다면 우리의 경쟁자는 넷플릭스가 되는 것"이라고 말한다. 그러면서 앞으로 트레바리가 사회적으로 의미 있는 가치를 진정성 있게 풀어내면서 돈에 대한 현실 감각을 잃지 않고 지금처럼 열심히 한다면 계속 성장할 수 있을 것이라고 말했다.

자본금 하나 없이 회사를 설립한 후 8개월간 대표 혼자 일했던 트레바리는 이제 40여 명이 일하는 회사로 커졌다. 직원 중에는 트레바리 유료 회원으로 참여했다가 아예 이직한 경우도 꽤 많다.

2019년 2월 트레바리는 소프트뱅크벤처스, 패스트인베스트먼트 등으로부터 50억 원을 투자받았다. 유료 독서 모임이라는 이색적인 사업 모델로 거금을 유치하면서 스타트업 업계에서 큰 화제가 됐다. 투자를 단행한 패스트인베스트먼트는 트레바리가 "이미 수천 명이 돈을 지불해가며 누군가를 만나고 관심사를 교류하려는 욕망을 해결하고 있다"면서 하버드대 기숙사에서 마크 저커버그가 만든 사이트가 지금의 페이스북으로 성장한 가능성을 트레바리에서도 엿보았다고 평가했다.

경영학을 전공한 윤수영 대표는 '문송합니다(문과라서 죄송합니다)'라는 신조어에 해당하는 문과생이었다. 신기술을 앞다투어 내놓는 스타트업 업계에서 그가 만든 지적이고 우아한 스타트업 트레바리는 그래서 오히려 튄다.

그는 핫한 기술을 앞세운 창업을 생각해보지 않았느냐는 질문에 "100조 원 규모의 시장이라도 내가 못 가는 목적지이면 소용이 없다"고 말했다. 아마존 창업자인 제프 베조스의 말처럼, 진짜 빅 비즈니스는 10년 뒤에 뜨는 사업이 아닌 10년이 지나도 변하지 않는 사업이기 때문이다.

정보의 비대칭 문제를 해결하는
부동산 애플리케이션

호갱노노

만 원짜리 물건을 살 때도 열심히 검색하는데
왜 집 살 땐 남의 얘기만 듣고 살까?

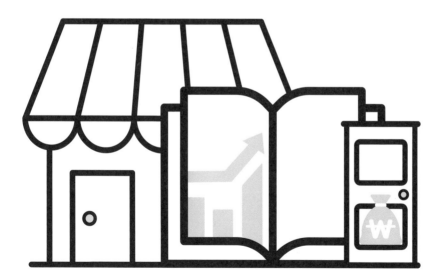

처음 부동산 세계에 입문한 것은 수년 전 신혼집을 구할 때였다. 결혼 준비 과정 중 가장 힘든 게 집을 구하는 일이었는데, 무림고수들이 장악하고 있는 이 전쟁터에 너무 늦게 뛰어든 게 죄라면 죄였다. 당시 집값은 천정부지로 치솟고 있었고, 전세고 매매고 할 것 없이 매물이 동났을 때였다. 상황은 이런데 부동산 지식도 전무한데다 가고 싶은 동네나 아파트 정보에 대해서는 잘 모르니 더욱 난감했다. 돌이켜보면 나는 집주인과 부동산중개업소의 이야기를 곧이곧대로 믿고 끌려다니던 '호갱(호구+고객님)'이었다.

이름부터 남다른 '호갱노노'는 나 같은 부동산 호갱들을 구제하기 위한 애플리케이션이다. 호구 고객이 되지 말자는 뜻의 이 서비스는 이용자들이 부동산 호가, 실거래가를 정확히 파악하고, 부동산 정보를 편리하게 비교한 후 거래하도록 돕는다. 부동산에 관심 좀 가진다는 젊은 세대들에게는 꽤 익숙한 애플리케이션이다.

호갱노노는 2019년 1월 월평균 사용자 수가 21만 명에서 같은 해 12월에는 91만 명으로 네 배 이상 증가했다. 부동산 애플리케이션 중 가장 폭발적인 성장세를 보이고 있다.

아무도 해결하지 않는 문제, 내가 해결한다

심상민 대표가 호갱노노를 구상하게 된 것은 시장에서의 정보 비대칭성 문제에 관심이 많았기 때문이다. 그는 2014년, 한국에 이케아가 들어왔을 때 이케아 제품 가격에 관심을 가졌다. 소비자들 사이에서 '이케아가 한국에서만 비싸게 판다'는 이야기가 한참 돌 때였다. 이케아의 제품명은 나라별로 달랐지만, 제품 사진은 같았다.

뼛속부터 개발자인 심상민 대표는 전 세계 이케아의 6,000개 품목을 모두 비교해서 어느 나라 제품이 가장 저렴한지 살펴보는 사이트를 만들었다. 호갱노노의 서비스 모델도 이런 노력에서부터 시작해 태어날 수 있었다.

이케아 가격 비교 사이트에 대한 사람들의 관심은 폭발적이었다. 정보 비대칭성에 대한 사람들의 불만과 수요가 얼마나 큰지 확인할 수 있었다. 심상민 대표는 그다음 프로젝트로 아파트 실거래가와 호가 차이를 분석해보기로 했다.

막상 프로젝트를 시작해보니 아파트 시장에는 문제가 굉장히 많았다. 특히 한국에서는 개인 자산의 대부분이 부동산일 정도이지만, 막상 아파트를 살 때는 쇼핑몰에서 모자 살 때보다 훨씬 적은 정보만을 접하며 구매 결정을 하고 있었다. 실제로 관련된 사이트에서 제공하는 모자 정보와 아파트 정보를 A4 용지에 정리해보니, 아파트 정보는 A4 용지 2장, 모자 정보는 17장 분량이 나왔다.

문제를 해결하는 것은 그리 어려워 보이지 않았지만, 아무도 이 문제를 해결하지 않고 있었다. 심상민 대표는 5개월간 고민한 끝에 다니던 회사를 그만뒀다. 엄청난 사명감 때문이라기보다는 너무 불편한 문제를 해결하고 싶은 개발자의 의지가 더 크게 작용했다.

회사를 그만두고 개발자 두 명이 달라붙어 호갱노노 서비스를 구축하기 시작했다. 국토교통부, 한국감정원 등에서 데이터를 가져와 가공, 처리해서 서비스에 반영했다. 매일 나오는 전국 단위의 데이터를 직원들이 일일이 입력할 수는 없으니 이를 자동으로 시스템에 입력하는 도구를 만들었다.

2015년 연말, 아파트 실거래가 정보를 알기 쉽게 제공하는 호갱노노가 웹 페이지로 출시됐고, 2016년 2월에 애플리케이션도 연이어 나왔다.

아파트 실거래가를 지도 위에서 볼 수 있는 서비스는 호갱노노가 최초였다. 미국에서는 '질로우', '트룰리아' 같은 부동산 플랫폼이 이미 나와 있었고, 여기서는 범죄율, 학군 정보, 가격 예측 정보까지 지도 위에서 확인할 수 있다.

정보보다 중요한 건 정보를 보여주는 방법

지금은 너무나도 단순하지만 예전에는 주택이나 아파트 실거래가를 조회하려면 많은 단계를 거쳐야 했다. 아파트 실거래가를 조회하기 위해 국토교통부 홈페이지에 들어가 보면 불편함을 단번에 느낄 수 있다. 실거래가 조회를 위해 메뉴를 누르고 눌러야 원하는 정보를 겨우 찾을 수 있다.

그런데 이제 관심 있는 아파트 다섯 개의 실거래가를 비교하고 싶다면 호갱노노에서 클릭 몇 번만 하면 된다. 분양 아파트 가격도 마찬가지다. 이전에 그 어떤 서비스도 분양 아파트 가격을 알려주지 않았다. 호갱노노는 당연하면서도 사용자들이 진짜로 원하는 정보를 서비스로 하나하나 구현했다.

호갱노노에 대한 설명을 들은 독자들 중에는 이렇게 반응하는 사람도 있을 것이다.

● 내가 사는 동네를 인증해야
사용할 수 있다

● 아파트 실거래가를 손쉽게
볼 수 있다

● 해당 지역의 학원가 등
원하는 정보만 확인할 수 있다

● 인구 이동 통계도 손쉽게
확인할 수 있다

"대단한 기능도 아니네. 지도에 실거래가만 보여주면 되잖아."

그런데 소비자를 움직이게 하고, 소비자를 끌어들이는 마력이 그 '대단하지 않음'에 있었다. 필요한 정보를 정확하고 편리하게 보여주는 것만으로도 소비자들의 욕구를 채울 수 있는 것이다.

모든 정보를 무조건 확보하여 서비스하는 것은 아니다. 호갱노노에는 종합병원 정보는 있지만 개인병원 정보는 없다. 아파트 주변의 종합병원 유무는 아파트 가격에 영향을 미치지만, 개인병원은 큰 상관이 없기 때문이다. 마찬가지 이유로 대형마트 정보는 제공하지만, 편의점 정보는 제공하지 않는다.

호갱노노는 갈수록 진화하고 있다. 관련 특허를 아홉 건 등록했고, 출원 중인 특허도 네 건 이상이다. 이를 토대로 부동산 거래를 결정하는 다양한 외적 요인을 지도 위에 끌어들였다. 가장 최근의 최고 거래가는 얼마인지, 경사는 얼마나 높고 낮은지, 학원가는 잘 구성돼 있는지, 외지인 비율은 높은 편인지 여부까지 확인할 수 있다. 인구 이동 통계 데이터는 전문가가 봐도 해석하는 데 시간이 한참 걸리는 자료인데, 호갱노노는 이를 화살표, 원, 색으로 시각화해서 직관적으로 제공한다. '인구이동'이라는 메뉴를 선택하고 해당 지역구를 클릭하면 '하남시에는 강동구와 송파구에서 제일 많이 이사 오는구나'라는 내용을 바로 이해할 수 있다.

애플리케이션을 살피다 보니, 부동산중개업소에서 남향이라고 산 아파트였는데 알고 보니 해가 잘 안 드는 3층 남향집을 계약했던 한 지인이 생각났다. 앞으로는 이런 걱정을 할 필요가 없다. 호갱노노에서는 3차원 그래픽을 사용하여 아파트의 계절별, 시간대별 일조량도 확인할 수 있다. 놀라운 기술의 발전이다. 직접 눈으로 보지 않고도 부동산 계약을 할 수 있는 날이 머지않은 것 같다.

가격 비교를 통해 의사결정을 돕는다

호갱노노는 대표적인 '프롭테크' 애플리케이션이다. 프롭테크란 '부동산(property)'과 '기술(technology)'을 합친 말로, 정보기술을 활용한 부동산 서비스 산업을 가리키는 말이다. 최근 호갱노노 외에도 '직방', '다방' 등 다양한 모바일 애플리케이션이 인기를 끌고 있는데, 그 이유는 온라인으로 부동산 정보를 투명하게 공개하고 소비자들의 의사결정을 도와주기 때문이다. 더 이상 동네 부동산중개업소에 휘둘리지 않겠다는 젊은 소비자들이 프롭테크 시장의 부흥을 돕고 있는 것이다. 심상민 대표는 이를 통해 부동산 시장이 바뀌고 있다고 믿는다.

"부동산 시장이 조금씩 투명해지고 있습니다. 호갱노노 사용자 80%가 애플리케이션으로 부동산 정보를 먼저 살펴보고 부동산중개업소를 방문합니다. 부동산중개업소도 이러한 변화에 발맞춰 변화할 수 있게 돕고 싶습니다. '호갱노노'라는 이름을 바꿀 생각은 없냐고 묻는 사람들도 많아요. 심지어 투자자조차도 이름을 바꿔 달라고 했지요. 그럼에도 불구하고 이 이름을 고수하는 이유는 앞으로도 계속 고객의 편에서 노력하기 위해서입니다."

투자자들로부터 25억 이상 투자를 받았던 호갱노노는 2018년 4월 '직방'에 인수됐다. 같은 분야에서 부동산 소비자들을 타깃으로 사업하는 두 회사가 손을 잡는다니 의외의 결정이었다. 그러나 호갱노노와 직방은 서로 아파트 시장을 바라보는 문제점과 해결 방안이 같았고, 각자 잘하는 분야가 명확히 달랐기 때문에 시너지 효과가 날 것으로 기대하고 합병했다고 밝혔다.

호갱노노는 직방의 인수 제안 한 달 만에 인수 합병 계약을 했고, 이후 독립적으로 운영되고 있다. 그 결과 직방과 호갱노노는 국내 부동산 애플리케이션 시장에서 나란히 1, 2위를 차지하고 있다.

심상민 대표는 서비스를 만드는 것이 예술에 가깝다고 표현하면서, 공공 데이터는 좋은 붓과 재료, 호갱노노는 이 재료를 국내에서 가장 잘 표현할 수 있는 화가라고 자평한다.

오피스 푸드 테크 시장을 개척한

식권대장

회사 생활의 불편함은
가장 훌륭한 창업 아이디어

　　자율 출퇴근제 덕분에 오전 11시에 공유 전동 킥보드 '고고씽'을 타고 공유 오피스 '패스트파이브'로 느지막이 출근한다. 점심이 되면 회사 앞 식당에서 식사를 하고 모바일 식권 '식권대장'으로 결제한다. 오후에는 화상 회의 솔루션 '리모트뷰'를 이용해 원격 회의를 진행한다.

　　미국 뉴욕이나 실리콘밸리의 업무 풍경이냐고? 아니다. 위에서 언급한 서비스는 모두 국내 기업이 만들어 이미 상용화된 지 꽤 오래된 서비스들이다. 최근 내 주변에는 이런 방식으로 일하는 사람들이 상당히 많아졌다.

　　정보기술이 우리 일상생활을 바꾼 게 한두 가지는 아니지만, 가장 큰 변화는 직장에서 발생했다. 물론 여전히 오전 9시 출근, 저녁

6시 퇴근 시간을 엄수하며 정해진 자리로 출퇴근하는 직장인도 많을 것이다. 그러나 일의 변화는 지금 이 시간에도 곳곳에서 일어나고 있다. 출퇴근 시간이 자유로워지고, 사무실 형태가 다변화되었으며, 이로 인해 사람들이 일하는 모습도 조금씩 바뀌고 있다.

직장 생활을 하면서 동시에 창업을 꿈꾸고 있다면 오피스 테크 분야도 도전해볼 만하다. 직장인이라면 하루의 절반을 보내는 곳이 사무실이기 때문이다. 일하면서 불편했던 점, 개선했으면 하는 점은 또 얼마나 많은가. 협업 플랫폼으로 유명한 '슬랙'은 창업자 스튜어트 버터필드가 이메일 쓰는 것에 불편함을 느껴 프로그램을 구상했고, 공유 오피스 '위워크'는 뉴욕의 임대료가 너무 비싸다는 문제의식을 창업자들끼리 공유했기에 탄생할 수 있었다.

먹지 않는 직장인은 없다, 그것도 자주

일하면서 느낀 크고 작은 불편함은 훌륭한 창업 동기가 될 수 있다. '회사에 다니기 싫다'는 이유로 그만둔다기보다 회사를 다니면서 느낀 점과 경험을 잘 살리는 것이다. 잘 모르는 분야에서 세상을 놀라게 할 사업 아이템을 발굴하기는 어렵다. 가장 잘 아는 분야는 내가 일상으로 접해 장단점을 그 누구보다 빠삭하게 아는 분야다.

오피스 푸드 테크 기업 '벤디스'는 직장 생활에 빠질 수 없는 먹는 시간을 공략한다. 요즘은 주 52시간 근무 제도 때문에 과거에 비해 회사에 머무는 시간이 많이 줄었다고 하지만, 그래도 여전히 우리는 회사에서 최소 한 끼를 해결하고 간식도 한두 번 먹는다.

벤디스는 회사 이름보다 '식권대장'이라는 서비스로 더 유명하다. 식권대장은 그동안 직장인들의 점심 식사를 책임져온 종이 식권을 스마트폰으로 구현한 서비스다.

종이 식권을 써본 사람들이라면 익숙한 문화가 있다. 매주 또는 매달 정기적으로 받는 종이 식권을 식당에 가서 제출하거나, 식당 앞 자판기에서 구입하거나, 식당에 비치된 장부에 이름을 적는 것이 그것이다.

벤디스는 '모바일 식권'이라는 개념을 만든 곳으로, 2014년 9월 국내 처음으로 서비스를 출시했다. 식권대장과 계약한 기업은 자사 임직원들에게 식권대장 포인트를 지급한다. 직원들은 제휴된 식당이나 기업 구내식당에서 식사한 후 애플리케이션으로 결제만 하면 된다. 정말 쉽고 직관적인 서비스다. 서비스를 처음 접하는 사람도 빠르고 쉽게 접근할 수 있으니 기업과 투자자들에게 설명하기도 용이하겠다는 생각이 들었다. 이 또한 스타트업으로서는 매우 큰 강점이다.

일부 직원에게만 간식이 쏠리는 것을 막기 위해, 간식 지원 금액을 포인트로 지급한다
간식을 선택하고 애플리케이션으로 결제하면 된다

제휴된 식당이나 기업 구내식당에서 식사를 한 후
애플리케이션으로 결제만 하면 된다

수영장 밖에서 아무리 준비운동을 열심히 해도 수영장 안에 들어오지 않으면 멋지게 물살을 가를 수 없습니다. 아무것도 하지 않으면 아무 일도 일어나지 않는 것처럼 말이죠.

지금까지 왜 —
종이 식권만 고집했을까? —

모바일로 식권을 해결하니 편한 점이 한두 가지가 아니다. 기업 입장에서는 식권 사용 현황을 실시간으로 확인할 수 있다. 이용 가능 시간이나 이용 가능 메뉴, 1회 결제액 한도 등도 자유롭게 설정하고 수정할 수 있다. 식대 관리를 투명하게 할 수 있는 것도 장점이다. 종이 식권을 사용할 때는 암암리에 식권깡이나 대리 사용 등으로 식대가 누수되는 일이 많았는데 근본적으로 차단됐다. 그래서 식권대장을 사용하는 회사의 식대 절감률은 평균 18%, 많게는 25%까지 된다.

식당 입장에서도 이득이다. 식당은 하루하루 식자재를 구매하는 곳이 많은데, 안정적으로 정산을 해주지 않는 회사가 늘 불안했다. 현금으로 정산해주고 세금 신고를 누락하는 경우도 많았는데, 세수가 투명해진 것도 사회 전체로 봤을 때는 순기능이다.

식권대장은 현재 380개 기업에서 총 65,000명이 사용하고 있고, 2019년에는 전라남도 순천시가 지자체로서는 처음 식권대장의 클라이언트가 됐다.

조정호 벤디스 대표는 오피스테크에서 더 깊게 들어간 오피스 푸드 테크 영역을 점령하겠다는 목표를 가지고 있다. 그는 벤디스를 아예 오피스 푸드 테크 회사라고 설명한다.

점심과 저녁 시장을 잡은 벤디스가 다음 타깃으로 삼은 것은 간식 시장이다. 2019년 봄, 벤디스가 내놓은 '간식대장'은 직원 복지를 위해 기업에서 마련하는 간식과 간식 관리 시스템을 공급하는 서비스다.

조정호 대표는 많은 기업에 방문하다 보니 탕비실을 자세히 보게 됐다. 그런데 간식을 많이 준비한 곳도 있었고 전혀 없는 곳도 있었다. 간식을 없앤 회사에 물어보면 간식 소비 속도를 감당할 수 없어서 없앴다고 했다. 복지의 일환이니 많은 사람이 골고루 이용하면 좋을 텐데 그걸 통제하기 어렵다는 의미였다.

간식대장은 기업에서 간식 품목을 정하면 사무실에 진열장을 준비해 간식을 진열해준다. 예산 규모와 임직원 선호도에 따라 간식을 추천해주기도 한다. 가격 측면에서도 자신 있다. 시중 매장에서 일일이 구매하는 것보다 10~30% 저렴한 가격으로 납품하기 때문이다. 여러 종류의 간식을 한 번에 납품해주기 때문에 여러 번 비용 처리할 것 없이 세금계산서 한 장만 끊으면 된다.

별것 아닌 것 같아도 디테일한 서비스를 살펴보다 보면 무릎을 치게 된다. 예를 들어 일부 직원들에게만 간식이 쏠리는 것을 막기 위해, 간식 지원 금액을 포인트로 지급한다. 그러면 간식을 선택하고 애플리케이션으로 결제할 수 있다. 간식비를 회사가 모두 부담할지 혹은 회사와 임직원이 일대일 비율로 부담할지도 선택할 수 있다.

실패한 경험으로
오히려 투자받았다

쉽고 편리한 서비스이지만 처음부터 사업이 순탄했던 것은 아니다. 서비스를 출시한 후 1년 정도는 고객사 하나 없이 영업만 했다. 모바일 식권이란 개념 자체가 익숙하지 않았던지라 고객사 한 곳, 한 곳을 확보하는 것이 가장 큰 산이었다. 서비스에 흥미를 보이다가도 고객사가 전혀 없다는 사실에 도입을 포기하는 곳도 있었다.

그러면 조정호 대표는 "일주일만 테스트할 기회를 주세요!"라고 외쳤다. 그런데 마침 일주일 사이에 오류가 났다. 당시 신입 창업가였던 조정호 대표는 하나 다짐한 게 있었다. '전화는 세 번 울리기 전에 받고, 이메일은 5분 내로 회신하고, 문제가 있으면 바로 수정한다.' 누구보다 오류에 빨리 대응하고 고치면서 벤디스는 첫 고객사를 유치할 수 있었다.

식권대장을 통해 벤디스는 지금까지 107억 원을 투자 유치했다. 이렇게 큰 금액을 유치할 수 있었던 것은 벤디스가 시장의 선두주자였기 때문이다. 그러나 투자자들은 벤디스와 조정호 대표가 식권대장에 앞서 경험한 여러 실패에도 큰 점수를 줬다. 벤디스는 소상공인들을 위한 통합 적립 서비스, 모바일 상품권을 판매하고 사용할 수 있는 애플리케이션, 복지 상품권을 관리하는 모바일 시스템 등을 만들었다가 실패한 경험이 있었다.

투자자들은 식권대장을 보며 "시행착오 끝에 얻은 사업 기회이니 잘할 것"이라고 믿고 투자를 단행했다. 한 투자자는 "만약 벤디스가 대학 졸업 직후나 도서관에서 공부만 하다 친구들과 창업한 것이라면 투자하지 않았을 것 같다"고 말하기도 했다.

조정호 대표는 창업을 수영에 비유한다.

"수영장 밖에서 아무리 준비 운동을 열심히 해도 수영장 안에 들어오지 않으면 멋지게 물살을 가를 수 없습니다. 아무것도 하지 않으면 아무 일도 일어나지 않지요."

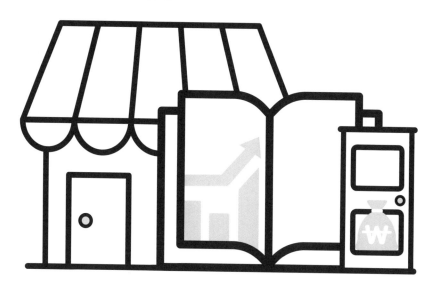

IT 기술로 오프라인 시장 를 깨는
링크샵스

**수십 년 고집하던 전통 시장의 메커니즘을 깬
커뮤니케이션 능력**

링크샵스
2012년
서경미
160억

LinkShops

동대문 패션 시장은 패션 도매 시장 그 이상의 의미를 가진 곳이다. 6·25 피난민들의 판잣집이 가득했던 이곳은 1960년대, 현대식 건물이 들어서면서 근대 시장으로서의 면모를 갖추기 시작했다. 미싱공과 시다, 재단사들이 일하던 수많은 봉제 공장 그리고 1990년대부터 들어선 '두타', '밀리오레'와 같은 패션 쇼핑몰까지. 24시간 불이 꺼지지 않는 이곳은 우리나라의 근현대사를 고스란히 담고 있는 역사 그 자체다.

20조 원 규모인 동대문에
디지털이 필요했던 이유 ─

숫자로 봐도 동대문 시장은 엄청난 곳이다. 하루 방문객 약 40만 명, 하루에 등록되는 신제품 35,000여 종, 일일 거래 금액 600억 원 이상, 연 매출 약 15조 원(2017년 산업연구원 추산). 자라, H&M과 같은 제조·유통 일괄(SPA) 브랜드들이 빠른 신제품 회전률을 자랑한다지만 높은 회전률로 따지면 동대문 패션 시장이 한 수 위다. 특히 최근 몇 년 동안은 중국과 일본 관광객들부터 동남아 국가에서 온 도매상, 관광객들까지 합류하면서 K-패션 트렌드를 리드하는 중심지가 됐다.

동대문 시장은 깊은 역사를 통해 노하우와 정체성을 쌓았지만, 깊은 고민과 과제도 있었다. 시장과 트렌드가 바뀌면서 아날로그 시장이 가진 한계가 드러난 것이다. 동대문은 생산부터 유통까지 대부분의 거래가 전화나 대면 방식으로만 이뤄졌다. 세금계산서나 영수증 발급을 안 해주는 곳도 많았고, 모든 주문을 A4 용지에 적어서 진행했다. 종이 한 장으로 영수증부터 주문까지 해결하는 식이다. 글로벌 패션 시장이 정보기술을 속속 도입할 때, 동대문은 여전히 90년대 방식에 머물러 있었다.

도매 의류 중개 플랫폼 '링크샵스'와 링크샵스를 만든 서경미 대표는 동대문에 디지털 혁신 바람을 본격적으로 불러일으킨 장본인이다. 링크샵스는 온·오프라인 매장의 소매업자들이 직접 동대문을 방문하지 않고도 상품 검색부터 구입까지 모두 할 수 있는 온라인 플랫폼이다. 링크샵스는 도·소매상 간의 거래를 중개하고 수수료를 받아 돈을 번다.

동대문 시장에 가본 독자라면 시장 내 소매상에 방문했을 것이다. 그렇지만 동대문 시장은 도매상과 소매상, 도매상과 도매상처럼 B2B(기업 간 거래) 거래가 전체 90%를 차지하는 곳이다. 2012년에 서비스를 시작한 링크샵스가 있기 전까지 동대문에서는 '모바일 결제'나 '플랫폼'이라는 단어를 들을 일이 없었다. 도매상과 소매상을 이어주는 사업(물건을 대신 구매해주는 것)은 '사입 삼촌'이 대신해줬다. 사입 삼촌은 직접 발로 뛰면서 도매상 물건을 소매상들에게 대신 전했다. 산더미만 한 보따리와 봉지를 들쳐 업고 A4 용지에 적힌 주문 내역을 확인하며 시장 곳곳을 누볐다. 이 모습은 오랫동안 동대문 시장을 대표한 풍경이기도 했다.

그러나 2010년대 초부터 불만이 나오기 시작했다. 오프라인 매점이 온라인 쇼핑몰을 겸하는 일이 늘었고, 온라인 쇼핑몰이 성공해서 규모가 커진 곳도 많았다. 그런데 동대문 방식의 도매 거래를 하다 보니 종종 잡음이 생겼다. 주문한 제품이 도착하지 않으면 사입 삼촌들의 업무가 끝날 때까지 기다려야 했다. 또 영수증을 발급받으려면 매달 말에 거래한 매장을 돌면서 세금계산서를 발급받아야 했다.

이제 동대문의 상징이었던 '사입 삼촌'을 대신하는 링크샵스

소매상을 위한 링크샵스
애플리케이션

도매상을 위한 링크샵스
애플리케이션

창업하기 전에 무조건 ──
관련 업계에서 일해봐야 하는 이유는? ──

링크샵스를 소개하는 이유는 수십 년간 고착된 전통 시장의 메커니즘을 깬 방식 때문이다. 혁신적인 기술이 뒷받침됐기에 가능했지만, 결국 견고한 벽을 깰 수 있었던 것은 링크샵스가 끝없이 오프라인 시장을 두드린 커뮤니케이션 덕분이었다.

서경미 대표는 링크샵스를 시작할 때부터 자신이 있었다. 그는 동대문 시장의 생태계를 제대로 이해하기 위해 창업 직전 3년간 동대문에서 니트, 원피스 등 여성 의류를 도매로 팔았다. 현장에서 체득한 구력은 돈으로 바꿀 수 없는 귀한 경험이었다. 제대로 된 플랫폼만 있다면 동대문의 판로를 전 세계로 확장할 수 있을 것 같았고, 소매상은 매일 밤 새벽에 동대문 시장까지 찾아와 제품을 구매하지 않아도 될 것 같았다.

경험으로 축적한 사업 노하우, 얼굴을 익힌 도소매 상인들은 본격적으로 사업을 시작했을 때 중요한 밑천이 됐다. 만약 현장 경험 없이 곧바로 서비스를 내놓았다면 지금과 같은 성공은 어려웠을지도 모른다.

혁신적인 사업 모델이 있든 없든, 결국 사업은 사람과 사람이 하는 일이다. 함께 일하는 사람을 설득하지 못하면 혁신은 빛을 발할 수 없다.

링크샵스도 처음부터 순탄했던 것은 아니었다. 오프라인에 익숙했던 도소매 상인들을 설득하기란 어려운 일이었다. 특히 온라인 거래를 할수록 이전에 (현금 거래를 통해) 누락됐던 세금을 더 정직하게 내야 했다. 그래서 링크샵스를 이용하면 판매처를 지금보다 훨씬 넓힐 수 있고, 또 온라인 소매상들에게는 상품 촬영이나 사이트 업로드 등을 돕겠다고 호소도 했다.

이렇게 현재 온라인으로 모인 상품이 100만 개, 매장 8,000여 개다. 동대문의 도매업체 80%가 링크샵스에 등록한 것이다. 이제 소매상들은 애플리케이션을 통해 원하는 상품을 검색하고 주문하고, 정산하는 일을 쉽게 할 수 있다.

링크샵스가 각광받을 수 있었던 이유 중 하나는 SNS를 통한 1인 마켓이 하나의 커머스 트렌드가 됐기 때문이다. '팔이피플'이란 말이 있듯, 이제는 누구나 괜찮은 아이템과 SNS 계정만 있으면 사업에 뛰어들 수 있다. 블로그나 인스타그램에서 의류나 가방 등 다양한 상품을 파는 것을 흔히 봤을 것이다. 이렇게 장사를 시작하면 결국 동대문 시장으로 몰릴 수밖에 없는데, 온라인 마켓이 대중화된 이유 중 하나도 동대문 시장의 허들이 낮아졌기 때문이다. 예전 같으면 동대문에서 직접 새로운 도매상을 찾아 얼굴을 익히고 샘플을 받아야 했지만, 이제는 클릭 몇 번으로 도매상과 거래할 수 있다. 그래서 링크샵스는 소매상과 도매상을 위한 애플리케이션을 각각 운영한다.

한국의 알리바바,
아마존이 될 수 있을까

서경미 대표는 스무 살 때부터 각종 사업에 도전하며 배짱과 맷집을 키웠다. 호텔리어를 꿈꿨던 그는 대학교 입학 전 미국에서 네일 아트 제품을 팔았고, 라스베이거스 카지노 앞에서 네잎클로버 기념품을 팔았다. 그렇게 대학교 등록금과 집 한 채를 살 수 있는 큰 돈을 벌었다.

소소한 장사를 하다 보니 도매 시장의 중요성도 알게 됐다. 마침 그때는 중국의 알리바바가 급성장하던 때였다. 알리바바는 패션은 물론 온갖 제품을 취급하며 소상공인을 흡수하고 있었다. '작은 상인들이 믿고 맡길 수 있는 플랫폼으로 크다 보면 우리도 결국 패션계의 알리바바가 될 수 있을 것'이라는 자신감이 생겼다. 지금도 링크샵스의 목표는 한국의 알리바바, 아마존이 되는 것이다.

그러기 위해 시장의 재고량과 판매량을 예측할 수 있는 시스템을 구축하고 있다. 이런 노력을 하지 않으면 급성장하고 있는 중국, 동남아 시장에 뒤쳐질 수밖에 없다는 것을 잘 안다.

서경미 대표는 한 번도 쉽게 투자받은 적 없었다고 말한다. 오프라인 패션 시장이 주 무대인 링크샵스는 투자자들이 좋아할 만한 사업은 아니었다. 멋지고 핫한 느낌도 들지 않는다. IT 기술력이 엄청나거나 엄청난 사용자 수를 자랑하지도 않고, 시장 규모를 가늠

할 만한 믿을 만한 지표나 연구가 많았던 것도 아니었다.

하지만 서경미 대표는 직접 시장 가치를 증명하기 위해서 피터지는 노력을 했다. 결국 직원들과 수년간 발로 뛰면서 발굴한 도·소매상 파트너와 거래 물건들이 투자를 이끄는 동력이 됐다. 가능성을 인정받으니 미국계 투자사 알토스벤처스에서 먼저 찾아왔고, 현재까지의 누적 투자 금액은 160억 원에 달한다.

누구나 세계 최대 유통 플랫폼 아마존을 알고 있을 것이다. 그러나 아마존이 온라인 서점으로 시작한 회사라는 사실을 모르는 독자도 많을 것이다. 서점에서 시작한 회사가 각종 생필품, 신선 식품을 모두 취급하기까지 10년 가까운 시간이 걸렸다.

동대문에서 시작한 링크샵스는 동대문을 넘어 어디까지 진출할 수 있을까.

베이비시터와 부모를 연결시켜주는 플랫폼

맘시터

사회적인 문제의식 하나만으로도
누구나 시작할 수 있다

맘시터

　　"컨설팅 회사에서 커리어에 욕심내는 여자 선배들은 어쩔 수 없이 자녀 계획을 포기하거나 심지어 이혼하는 경우도 많았어요. 대기업으로 이직해도 상황은 비슷했어요. 일 잘하는 분이 출산 휴가를 가서 안 돌아오고, 육아 때문에 칼퇴근하는 분은 만년 대리로 남더라고요. 나인 투 식스로 일할 수 있다고 해서 아이를 잘 키울 수 있는 것도 아닙니다. 제가 아무것도 하지 않으면 30년 뒤 제 자녀도 똑같은 고민을 할 것 같았어요."

　아이돌보미 구인·구직 플랫폼 '맘시터'를 운영하는 정지예 맘편한세상 대표는 출산과 육아로 인한 여성의 경력 단절 문제와 부모들의 고충을 해결하고자 직접 창업 전선에 뛰어들었다. 사업을 시작할 당시 싱글이었던 정지예 대표는 주변 여자 선배들을 보면서 출산과 육아 문제가 개인이나 회사 차원의 문제가 아닌 사회적으로 반드시 해결해야 할 문제라고 생각했다. 그리고 이를 해결하기 위한 사업 모델을 만들겠다고 결심했다.

2016년 초 회사를 관두고 창업 준비를 시작한 정지예 대표는 육아 문제가 사업으로 해결하기 어려운 문제라는 것을 깨달았다. 관련 정책을 다루는 연구소에 문을 두드려보고, 비슷한 사업을 하는 친구들도 만나봤다. 하지만 막상 대안은 뚜렷하지 않았다. 주위에서도 응원보다 우려의 목소리가 더 컸는데 "육아 관련 스타트업이 성공한 사례는 없다", "아이 관련 사업은 엄마들에게 한 번 찍히면 회생이 불가능할 만큼 위험하다" 등의 부정적인 조언이 이어졌다. 사업을 시작한다고 했을 때 아무도 믿어주지 않는다는 사실에 힘든 시간을 보냈다.

꼭 필요한 서비스인데 — 왜 아무도 시작하지 않을까? —

정지예 대표는 베이비시터와 부모를 연결시켜주는 플랫폼에 대해 고민했다. 당시만 해도 베이비시터를 구할 수 있는 온라인 사이트는 단순한 형태로, 오프라인에서 쉽게 볼 수 있는 인력중개소를 온라인에 그대로 옮겨둔 수준이었다. 누구나 가입하고 누구나 구직

글을 올릴 수 있었기 때문에 검증되지 않은 베이비시터가 쏟아져 나왔다. 채용된 베이비시터들의 후기를 찾아볼 수도 없었다. 어떤 베이비시터 중개 사이트에서는 가입한 부모들의 연락처도 노출돼 있었다. 좀 더 발전된 형태의 아이돌보미 중개 플랫폼이 필요했다.

사업 모델을 구상했지만 뜻이 맞는 동업자를 찾는 것은 배우자를 찾는 것보다 어려운 일이었다. 개발자 100명에게 메일을 보내고, 원하는 디자이너를 찾기 위해 사돈의 팔촌까지 뒤졌다. 그렇게 동업자를 구한 뒤에는 모든 일이 일사천리였다. 2016년 5월 창업을 결심한 두 달 뒤인 7월에 동업자를 구했고, 9월에 맘시터 서비스를 정식으로 런칭했다.

아이돌보미 중개 플랫폼 맘시터는 베이비시터가 프로필을 올리고, 아이 부모가 조건에 맞는 베이비시터에게 연락하여 고용할 수 있게 돕는다.

우선 애플리케이션에서 ▶실내 놀이 ▶등하원 돕기 ▶한글·영어 놀이 ▶체육 놀이 등 베이비시터에게 원하는 활동 종류를 선택한다. 그런 다음 베이비시터가 필요한 날짜나 기간을 입력한다. 조건에 맞는 베이비시터들의 프로필이 뜨면 원하는 베이비시터를 고를 수 있다. 베이비시터 정보 아래에는 해당 베이비시터를 고용했거나 면접 본 적이 있는 부모들이 남긴 후기도 같이 뜬다.

분야별로 목적에 맞는 시터를 찾을 수 있고, 원하는 조건의 시터를 추천도 해준다

부모들의 불안함을 덜기 위해 시터들의 인증 절차를 강화했다

중장년층에서 —
대학생 베이비시터로 —
생각을 전환하다 —

맘시터는 여타 소개소처럼 고용과 취업이 성사되는 건별로 돈을 받지 않는다. 부모들이 베이비시터 회원 정보를 열람할 수 있는 이용권을 구입하도록 하고, 원하는 조건의 사람을 찾아 연락처를 확인해서 연락하면 된다. 베이비시터들은 자신의 전공, 인증 정보 수준, 자격증 유무 등 추가 정보를 입력해 원하는 시급을 정할 수 있다.

아이돌보미 시장이 활성화되고 더 커지려면 비용이 합리적이어야 한다. 맘시터는 부모들이 비용 부담을 느끼지 않도록 매칭할 때마다 수수료를 부과하는 방식이 아닌 이용권을 구입해 베이비시터 정보를 열람할 수 있게 했다.

맘시터는 서비스를 시작한 1년 동안 대학생 베이비시터만을 모집해 부모와 매칭했다. 대학생 베이비시터를 모집하기 위해 서울 시내 대학교에 전단지 200장을 뿌렸는데 곧바로 200명이 지원했다. 그때 '아, 이건 먹히는 사업이겠구나'라는 직감이 들었다.

우리나라에서 흔히 베이비시터라고 하면 중년 여성을 많이 떠올린다. 하지만 젊은 대학생이 베이비시터를 하면 좋은 점이 많다. 학생들은 에너지가 넘쳐서 아이들과 즐겁게 놀아준다. 특히 유아교육이나 예체능 전공자를 찾는 부모가 늘었다. 예상보다 대학생 베이비시터들에 대한 만족도는 높았다. 물론 한계도 있었다. 대학교 시험 기간에는 일하지 못하는 학생이 많았고, 졸업 후 취업하면 이탈하는 숫자도 적지 않았다.

맘시터는 2017년 10월부터 경력 단절 여성이나 주부, 어린이집이나 유치원에서 근무한 경험이 있는 사람들도 모집받기 시작했다. 이때부터 일할 수 있는 베이비시터의 수가 급격히 늘었다. 일종의 스노볼 이펙트(눈덩이가 커지는 것처럼 작은 행위가 선순환이 되면서 큰 결과로 이어지는 현상)가 입증됐는데, 베이비시터 지원자가 점차 늘면서 회원 수도 급격히 증가하기 시작했다.

2020년 1월 현재 맘시터에 등록된 베이비시터 회원과 부모 회원은 총 50만 명이다. 1년 전에 비해 회원 수가 400% 이상 증가했다. 베이비시터 회원이 부모 회원보다 두 배가량 많은 것도 특징이다. 그만큼 인력 풀이 넓고 부모들의 선택지가 넓다는 뜻이다. 우리나라 아이돌봄 서비스는 희한하게 베이비시터들이 엄마를 고르는, 그래서 엄마들이 을(乙)이 되는 말도 안 되는 구조였기 때문에 아이돌보미로 일할 사람을 많이 모으는 것이 이 시장의 문제를 해결하는 포인트라고 판단했다.

출산율은 갈수록 떨어지고 아이는 귀해지지만 역설적으로 아이돌보미 시장은 커질 수밖에 없다. 맞벌이 부부가 늘면서 아이를 맡기는 상황은 더 많아지고, 예전처럼 조부모가 손자를 봐주는 것도 당연하지 않은 시대가 됐다. 이에 대해 정지예 대표는 "가족들의 희생을 통해서가 아니라 돈을 주고받고, 죄책감을 느끼지 않으면서 아이를 키울 수 있는 환경을 만들어야 한다고 생각했다"고 했다.

부모들의 불안감을
덜기 위한 비밀은?

부모는 아이를 다른 사람 손에 맡길 때 늘 불안하다. 맘시터는 부모들의 불안함을 덜어주기 위해 다양한 제도를 도입하고 있다. 베이비시터들의 인증 절차를 강화하는 것도 이 중 하나인데, 대학생이라면 재학증명서를 제출하고, 자녀를 키운 경험이 있는 엄마라면 가족관계증명서를 제출해 슬하에 몇 살 자녀가 몇 명이나 있는지 공개한다. 주민등록등본을 제출해서 거주지를 확인하고, 보건소 건강진단결과서로 질병 유무도 확인한다. 200개 문항을 풀어야하는 전문 인성 검사를 통해 베이비시터의 책임감과 인성 등도 진단한다. 모두가 이 모든 인증 과정을 반드시 거쳐야 하는 것은 아니다. 하지만 인증을 많이 받은 베이비시터일수록 일자리를 빨리 찾을 수 있고 희망 시급을 높게 받을 수 있다. 또 2019년 7월, 업계 최초로 KB손해보험과 손잡고 '맘시터 안전 보험'을 출시했다. 베이비시터가 아이를 돌보다 발생할 수 있는 대인·대물 사고에 대한 피해를 보상하는 상품이다.

맘시터가 부모들의 마음을 사로잡은 비결은 무엇일까. 보육 시장은 아이와 부모의 성향과 요구가 매번 다른, 수요가 분절된 시장이었다. 그렇기 때문에 온라인으로 원하는 베이비시터와 서비스를 선택할 수 있게 한 것이 부모들에게 좋은 반응을 얻었다. 부모의 여러 수요를 충족시킬 수 있도록 넓은 인력풀을 보유하고, 베이비시터에 대한 인증 제도를 도입한 것도 효과적이었다.

아이가 어린이집이나 유치원에 가도 베이비시터에 대한 수요는 계속 있을 수밖에 없다. 어린이집 방학이 길 때, 아이는 아픈데 돌봐줄 사람이 없을 때가 대표적인 경우다. 처음 서비스를 기획할 때는 부모가 일찍 출근하고 늦게 퇴근해서 보호자가 없는 경우에만 베이비시터가 필요할 것이라 생각했는데, 서비스를 하면서 육아할 때 예상치 못하게 베이비시터가 필요한 순간이 얼마나 많은지 확인하고 있다.

국내 아이돌봄 시장은 아직 극초기에 불과하다. 〈이코노미스트〉가 매년 발표하는 경제협력기구(OECD) 국가 여성들의 유리천장지수를 보면, 한국은 29개 국가 중 7년 연속 최하위를 기록하고 있다. 여성들의 사회적 지위가 올라가고 맞벌이 부부가 늘었다지만 여전히 육아 때문에 여성이 회사를 그만두는 경우가 비일비재하다. 남성의 가사·육아 참여도 늘었다지만 여전히 육아는 주로 엄마들의 몫이다. 아이돌봄 서비스처럼 정부에서 내놓는 서비스도 많이 나왔지만 여전히 수요에는 턱없이 부족한 수준이다.

2019년 5월, 이러한 시장 가능성을 판단한 미래에셋벤처투자, 디티앤인베스트먼트, 케이런벤처스는 맘편한세상에 30억 원을 투자했다.

"우리나라에서 영유아를 키우는 데 맞벌이 비중이 얼마나 높은지, 그리고 이들이 한 달에 육아에만 얼마를 쓰고 있는지 확인하면 시장의 크기를 어림잡을 수 있어요. 대충 계산해도 약 18조 원입니다. 할머니든 이모님이든 누군가에게 흘러가고 있는 이 시장을 아무도 혁신하지 못해왔고요. 이 시장에서 맘시터가 제일 잘할 수 있다고 생각합니다."

법칙

6

달라진
일의 형태를
파악하라

수업도 좋지만 가격은 더 좋은
일대일 영어 서비스

링글

하버드대학 원어민 강사의
영어 공부 노하우를
온라인에서 배운다면

Q. 영화 〈기생충〉에 담긴 사회적 메시지에 대해 말해보
   시오.

Q. 서울 아파트 가격이 폭등하는 이유를 설명해보시오.
   실리콘밸리 집값 폭등과 다른 점은?

— '링글' 교재 내용 중에서

다음과 같은 질문을 받았을 때 바로 유창하게 대답할 수 있는 사람
은 몇이나 될까? 그것도 한글이 아닌 영어로 말이다. 해외 거주 경
험이 있거나 영어를 전공하지 않은 사람이라면 쉽지 않을 것이다.
'How are you?'와 같은 일상생활 수준이 아닌 그 이상을 외국어
로 표현하는 것은 벅찬 일이다.

업무나 시험 준비를 하다가 영어의 장벽에 부딪혀 '영어란 무엇인가', '한국인에게 영어란 어떤 존재인가'라는 질문을 던져보지 않은 사람이 과연 몇이나 될까? 영어가 대체 무엇이기에 평생 우리를 고민하게 만드는 걸까? 그깟 언어 하나가 왜 학습과 업무 능력의 주요 잣대가 된 걸까?

'우버'와 '에어비앤비'의 공통점은?

'링글'은 한국인들의 이 같은 고민을 잘 간파해서 만든 정교한 서비스다. 단순히 '영어를 배운다'는 것에 의미를 부여하지 않고, 고객이 필요한 순간에 영어를 충분히 활용하는 것까지 목표로 한다. 유학 준비, 면접, 사내 프레젠테이션 등 다양한 목적과 상황에 맞는 영어를 사용하도록 돕는다.

사업 모델을 구상할 때는 회사가 어떤 영역의 일을 할 수 있는지만 생각할 게 아니라, 이 서비스나 제품을 통해 궁극적으로 고객들에게 어떤 가치를 줄 수 있는지에 대해 생각할 필요가 있다. '고객에게 어떤 가치를 줄 수 있나'는 사업의 핵심 가치이기도 하다.

'우버(애플리케이션으로 승객과 차량을 이어주는 서비스)'와 '에어비앤비'를 예로 들어보자. 우버가 고객에게 줄 수 있는 가치는 고객이 원하는 시간, 원하는 장소에서 차를 탈 수 있다는 것일까? 아니다. 이 관계(우버와 고객)에서 발생하는 진짜 가치는 고객이 우버를 이용하여 원하는 목적지에 갈 수 있다는 점이다. 에어비앤비의 가치는 고객에게 누워서 잘 수 있는 집을 제공하는 것이 아니다. 숙소를 제공함으로써 고객이 여행·출장 등 원래 목표로 했던 목적을 좀 더 편리하게 달성할 수 있게 도와주는 것이다.

시중에는 수많은 영어 사교육, 특히 최근에는 온라인 동영상 강의, 전화 영어 등이 범람하고 있다. 이 중에서 링글은 원어민이자 명문 대학에 다니는 학생과 고객을 매칭해주는 모델을 구상했다. 평균 이상의 영어를 구사하거나 구사하고 싶은 사람들에게는 매력적인 서비스다.

단순히 카페에서 영어로 원하는 메뉴를 시키는 데 만족한다면 더 저렴하고 보편적인 인터넷 강의를 듣는 게 나을지도 모른다. 그런데 링글은 좀 더 수준 있고 깊이 있는 영어 수업을 지향한다. 예를 들어 링글에서는 미국 하버드대학에 재학 중인 원어민 강사와 영상으로 영어 공부를 할 수 있고, 유학 면접에 대비한 모의 면접 준비도 할 수 있다.

링글 홈페이지에 들어가 보자. 왜 링글의 서비스가 경쟁력이 있는지 단번에 알 수 있다.

일단 튜터(선생님)들의 프로필이 모두 공개돼 있다. 미국 컬럼비아대학 행정대학원에서 국제외교정치를 공부하는 브릿은 6개 언

◉ 링글에 등록된 튜터 소개

◉ 링글의 교재

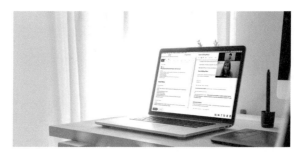
◉ 링글의 실제 수업 화면

우버, 에어비앤비, 구글은 진짜 잘 만들었는데, 진짜 싸요. 이게 단 하나의 공통점입니다. 링글이 지향하는 것도 '수업도 좋지만 가격도 진짜 괜찮네. 어떻게 이 가격에 가능하지?'라는 생각이 들게 하는 것입니다.

어를 공부하는 동시에 스쿠버다이버 자격증, 바텐더 자격증을 가지고 있는 학생이다. 브릿이 직접 촬영한 영상을 통해서 그의 억양, 말하기 속도 그리고 온라인 강의에서 중요한 요소인 영상의 화질과 음질도 확인할 수 있다.

온라인 서비스를 굳이 — 오프라인에서 설명하는 이유 —

튜터에게 수업을 들은 학생의 후기가 자세하다는 점도 장점이다. "다양한 문화에 대한 지식을 언어를 통해 배울 수 있었다", "현재 대학원에서 국제정책을 공부하고 있어 관련된 다양한 주제로 토론할 수 있었다"와 같은 상세한 후기가 그것이다.

영어 강의는 고관여 상품(가격대가 높아 꼼꼼히 따져보고 구매하는 상품)에 속한다. 그런데다 강의라는 콘텐츠는 별점, 수강생 수와 같은 정량적인 평가만으로 정확하게 파악하기 어렵다. 기본적으로 수업 품질이 좋아야 할 뿐 아니라 강사가 내가 원하는 방식으로 가르치는지, 내용과 수업 방향성은 괜찮은지 등 정성적으로 따져야 할 부분이 많기 때문이다.

링글을 만든 이승훈 공동 대표는 수강생들을 만족시키기 위해 직접 찾아가는 고객 접점 관리 전략을 택했다. 온라인으로 결제부터 수강까지 모든 게 다 가능한데 군이 수강생을 직접 찾아가서 만난다니 도대체 왜? 무엇을 위해 가는 걸까?

"세일즈를 위해서가 아닙니다. 강의를 결제하신 분 중 원하는 분에 한해 직접 찾아뵙습니다. 해외에 계신 분이라면 통화라도 합니다. 노트북을 함께 보면서 우리가 만든 제품에 대해 설명해요. 저희의 설명을 듣고 서비스를 이용하는 것과 그렇지 않은 것의 효율은 천지 차이입니다. 저는 이게 비용이라고 생각하지 않아요. 회사 입장에서도 이득입니다. 서비스 유지 비율이 올라가고, 고객들에게 솔직한 평을 들을 수 있거든요. 그렇게 지금까지 만난 수강생만 1,000명이 넘어요."

좋은 것은 기본, 싸기까지 한다면?

링글은 비싼 가격을 내세우며 스스로 '프리미엄 영어 강의'라고 급을 올리지 않는다. 오히려 서비스를 시작했을 때보다 점차 가격을 낮추고 있다. 이유는 이들의 창업 동기를 들으면 이해가 간다. 2015년에 링글을 함께 창업한 이승훈, 이성파 대표는 경영전문대학원(MBA) 동기인데 영어 불편함을 해결하고 싶다는 공통된 갈증을 갖고 있었다.

"미국에서 사실상 독점하고 있는 우버, 에어비앤비, 구글의 공통점을 발견했어요. 진짜 잘 만들었는데, 진짜 싸요. 이게 단 하나의 공통점입니다. 링글이 지향하는 것도 마찬가지입니다. '수업도 좋지만 가격도 진짜 괜찮네. 어떻게 이 가격에 가능하지?'라는 생각이 들었으면 해요. 우리의 목표는 고객이 영어 공부를 더 많이 하는 겁니다. 그러려면 비싸면 안 돼요."

저렴한 전화 영어 서비스를 이용해본 사람들은 영어 수업의 품질이 얼마나 천차만별인지 몸소 느껴봤을 것이다. 링글의 목표는 수강생들의 영어가 그저 그런(soso) 수준에서 잘하는(good) 수준으로, 잘하는 사람이라면 뛰어난(great) 수준으로 만드는 것이다. 튜터는 수강생에게 "일단 말해보라"고 한다. 수강생이 계속 말하고 교정하고 다시 말하는 과정을 반복한다. 이런 수업을 경험한 학생들은 실제로 튜터들의 교정 실력이 남다른 것 같다고 평가한다. 특히 어느 정도 수준 있는 영어가 필요한 직장인과 유학 준비생의 만족도가 높다.

링글 교재를 보면 '손정의 소프트뱅크 회장과 비전펀드', '아마존과 이커머스 시장', '엘리엇 매니지먼트' 등 수준 높은 내용을 많이 다룬다. 수업 품질을 유지하기 위해 튜터들도 지원서와 인터뷰를 통해서 선정하고, 오리엔테이션도 진행한다.

링글은 2019년 9월, 19억 원 규모의 초기 투자를 받았다. 머스트자산운용을 비롯해 초기에 링글을 도왔던 엔젤 투자자들도 다시 투자에 참여했다. 투자도 받았으니 이제 나갈 길은 해외 진출이다.

링글의 잠재 고객은 영어권 국가에서 태어나지 않아서 영어가 힘든 전 세계 모든 사람이다. 장기적으로는 중·고등학생 영어 학습 시장까지도 목표로 하고 있다. 중·고등학생들에게 저렴한 가격으로 하버드대학 명문대생의 영어 공부 노하우를 알려주는 것도 곧 가능해 보인다.

일하는 현대인을 위한 지식 플랫폼

퍼블리

회사에서 일하는 법을
회사 밖에서 배우는 시대

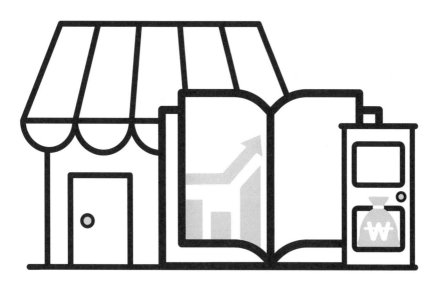

창업한 이들과 대화할 때 공통적으로 물어보는 질문이 있다.

"원래 창업할 계획을 갖고 있었나요?"

나는 성공한 창업가들이 창업을 위해 얼마나 준비했는지, 그리고 열심히 준비할수록 실제 사업이 성공할 확률이 높아지는지 궁금했다.

결론적으로 말하면 창업을 해야겠다고 일찌감치 결심하고 준비한다고 해서 사업 성공 확률이 높은 것은 아니다. 그야말로 케이스 바이 케이스다. 다만 사업가의 길에 큰 관심이 없었더라도 그간 자신이 밟아온 커리어와 일상, 취미가 실제 창업으로 잘만 연결되면 빠른 시간 내에 훌륭한 창업가로 변신할 수 있다.

온라인 콘텐츠 플랫폼 '퍼블리'를 운영하는 박소령 대표는 불과 몇 년 전까지만 해도 언론사에 취직하기를 원했지 직접 창업할 생각은 없었다. 컨설턴트로 일하다 미국에서 유학을 마친 뒤 돌아온 그는 취업 시장에 문을 두드렸다. 마침 그해에는 미국 〈뉴욕타임스〉가 혁신 보고서를 발표하는 등 언론사들이 디지털 변혁기를 맞이하던 때였고, 박소령 대표도 이 같은 흐름에 발맞춰 언론사에서 커리어를 이어가고 싶었다.

언론사 채용의 문이 열리지 않아 1년 정도 백수로 지내던 그는 2015년 돌연 창업가의 길로 뛰어들었다. 그가 창업하기로 마음먹은 것은 주변의 권유 때문이었다. 창업을 생각해본 적이 없었던지라 처음엔 거절했지만, 점차 본인이 제일 자신 있는 텍스트 기반의 콘텐츠로 사업을 해보기로 했다. 어릴 때부터 꾸준히 읽어온 신문과 다독 습관은 그에게 가장 중요한 사업 밑천인 동시에 훌륭한 사업 아이템이었다.

일단 만들어서 팔 게 아니라, 판 다음 만든다

그 누구보다 신문과 책을 많이 읽어왔던 박소령 대표의 문제의식은 분명했다.

'왜 한국에는 양질의 콘텐츠 미디어 생태계가 형성돼 있지 않을까?'

활자 콘텐츠를 만드는 언론사와 출판사의 매너리즘은 어제오늘 일이 아니다. 생산자들은 소비자의 눈높이에 맞는 결과물을 만들어내기 위해 노력해야 하는데 그러지 못했다. 출판사는 종이에 묶여 있다가 답을 잃었고, 언론은 광고에 의존하다가 답을 잃었다. 온라인에서 돈을 내고 텍스트를 읽는 것이 아직 낯선 때였지만, 동시에 소비자가 돈을 내고 사고 싶은 양질의 텍스트가 필요한 때이기도 했다.

박소령 대표는 창업 당시 새로운 트렌드였던 크라우드 펀딩(후원·투자 등을 목적으로 온라인에서 다수의 개인에게 자금을 모으는 행위) 방식으로 활자 콘텐츠를 팔아보기로 했다. 그가 만든 플랫폼 퍼블리는 기획안과 목차를 본 사람들이 펀딩하고, 예상 모금액을 달성하면 저자가 콘텐츠를 완성해 이들에게 제공하는 식으로 서비스를 시작했다. 기존에는 생산자들이 먼저 콘텐츠를 만들어서 소비자들의 반응을 기다렸는데, 퍼블리는 발상의 전환을 통해 독자들이 원하는지 반응을 모은 다음 실제 콘텐츠 생산에 착수했다.

최근 서점가에서도 꾸준히 팔리고 있는 《퇴사준비생의 도쿄》, 《브랜드 마케터들의 이야기》와 같은 인기 도서도 퍼블리를 통해 탄생한 프로젝트다.

퍼블리에서 나온 콘텐츠는 25~35세 직장인들이 가장 관심을 가

매달 업데이트되는 퍼블리의 신규 콘텐츠 목록

인기 있는 큐레이터들의 뉴스와 해석을 따로 챙겨볼 수 있는
'퍼블리 뉴스' 서비스

질 만한 마케팅, 커리어, 라이프스타일, 재테크 등을 재미있으면서도 부담 없이 다룬다. 저자 자격에도 제한이 없다. 해당 분야와 관련 있는 업계에 종사하거나 관련 지식이 많은 이라면 누구나 저자가 될 수 있다. 가격은 일반 단행본과 비슷하거나 더 높게 책정됐다. 이렇게 해서 탄생한 프로젝트들이 연이어 펀딩에 크게 성공하면서 퍼블리는 조금씩 입소문이 나기 시작했다.

더 이상 언론은 언론사만의 영역이 아니다

퍼블리는 '칸 국제 광고제', '프랑크푸르트 북 페어' 등 현장 취재가 필요한 곳에 가서 직접 취재한 뒤 콘텐츠를 완성해 공개하기도 한다. 나 또한 '2016년 프랑크푸르트 북페어' 탐방 콘텐츠를 직접 구매하면서 퍼블리에 입문하게 됐다.

당시 언론사의 유료 구독 모델은 〈뉴욕타임스〉 같은 글로벌 언론사 외에는 실패했다는 평가가 이어지던 때였다. 국내 언론사들도 유료 모델을 시도했다가 저조한 반응으로 유료 서비스를 접고 다시 무료로 전환한 곳이 여럿 있었다. 그런데 웹과 모바일로만 읽을 수 있고, 심지어 결제는 실제 콘텐츠가 발행되기도 전에 해야 하는데 기획안과 저자 프로필만 보고 기꺼이 3만 원을 지불하는 것은 신선한 경험이었다. 콘텐츠 완성도와 독자들의 만족도는 매번 다르겠지만 직접 경험한 나로서는 꽤 만족스러웠다. 현장을 취재해서 빠른 시일 내에 글로 정리해 올리는 일은 이제 더 이상 기자나 언론사들만의 영역이 아닌 것이다. 퍼블리를 통한 경험이 신선했지만, 동시에 기자들이 앞으로 경쟁해야 할 대상이 점점 늘어나고 있음에 두렵기도 했다.

퍼블리는 2018년부터 크라우드 펀딩 모델에서 구독 모델(subscription model)로 사업 기반을 옮겼다. 신문이나 잡지를 구독하는 것처럼 매월 구독료 21,900원을 내고 퍼블리가 발행하는 모든 콘텐츠를 즐길 수 있게 한 것이다.

퍼블리가 발행한 콘텐츠는 270명의 저자가 쓴 리포트 324개로, 낱개 콘텐츠로 따지면 2,200개가 넘는다(2020년 1월 기준). 〈뉴욕타임스〉, 〈위클리비즈〉, 〈매일경제〉 등 기존 언론사가 발간한 기사를 새로이 큐레이션해서 나온 콘텐츠들도 꾸준히 발간된다.《나영석 피디의 어차피 레이스는 길다》,《일 잘하는 사람은 단순하게 합니다》와 같이 단행본으로 먼저 나왔다가 퍼블리를 통해서 디지털 발간하는 경우도 있다.

2019년 7월 퍼블리의 유료 구독자 수는 7,000명, 누적 결제 고객은 2만 명을 돌파했다. 퍼블리 고객 두 명 중 한 명은 25~35세의 직장인으로, 20~30대 고객이 전체 구독자 중 80%를 차지한다.

퍼블리의 구독자 목표는 5만 명이다. 국내 1위 경제 주간지의 부수가 43,000부 정도인데, 퍼블리가 유료 구독자 5만 명을 돌파하면 1위 주간지 이상의 위력을 가진다고 볼 수도 있다.

안전망 없는 직장인들은 회사 밖에서 사수를 찾는다

퍼블리를 구독하는 사람들의 직업은 다양하지만 공통점이 있다면 트렌드에 민감하다는 점이다. 구독자들의 직업군을 보면 마케팅, 디자인, 브랜딩, PR, 광고 등 트렌드에 민감하게 반응하는 일을 하는 사람들이 가장 많다. 전략, 기획, 신사업 관련 업무를 맡고 있는 사람들도 퍼블리의 주 고객이다. 이 밖에 프리랜서와 학생들도 퍼블리를 찾는다. 박소령 대표는 퍼블리 독자들을 두 부류로 나눴다.

① 내가 담당하고 있는 분야가 트렌드가 빨리 바뀌는 곳이라서 세상의 동향을 빠르게 캐치해야 하는 사람들
② 커리어 측면에서 앞으로 계속 성장하고 싶은데, 주변에 조언을 구할 멘토나 무언가를 배울 만한 곳이 없다고 느끼는 사람들

나 같은 경우가 첫 번째 그룹에 속하는 독자일 것이다. 취재를 담당하는 분야가 IT, 스타트업 등 트렌드 변화가 빠른 분야이기도

하고 기자라는 직업 특성상 새로운 사람, 새로운 문화에 대한 관심이 많기 때문이다.

두 번째 그룹의 고객들은 흥미로웠는데, 퍼블리도 새롭게 주목하고 있는 고객층이라고 한다. 사회생활을 처음 시작한 독자 중 소위 말하는 대기업이나 안정적인 직장에서 일하는 사람은 전체 신입사원 중 10%밖에 안 될 것이다. 나머지 90%의, 안정적이지 않은 조직에서 일하는 사람들은 회사나 조직에 사수가 없다. 인턴이 되기 위해 인턴 경력이 필요한 시대, 회사에서 일하는 법을 회사 밖에서 찾아 헤매는 시대로, 이런 사람들이 퍼블리를 찾는 비중이 늘어나고 있는 것이다.

퍼블리는 2019년 2월 DSC인베스트먼트, 인터베스트, 캡스톤파트너스 등으로부터 38억 원 규모의 투자를 유치했다. 누적 투자액은 60억 원.

벤처캐피털 업계에서 주목하고 있는 시장 중 하나가 현대인의 지적 여가 생활 시장이다. 학교 다닐 때만 바짝 공부하고 이걸 밑천으로 해서 평생 일하는 시대는 끝났다. 대신 일하지 않는 시간에도 학습하고 자기계발을 꾸준히 해야 한다. 이직과 퇴사가 일상이 된 대신 평생직장이란 개념은 사라졌다. 경쟁이 치열해진 만큼 정보와 트렌드를 빨리 읽고 취하는 사람이 우위에 선다.

일하는 현대인들은 '무엇을 배워야 내가 다음 일을 할 수 있지'라는 고민을 안고 살아간다. 퍼블리는 일하는 현대인들에게 양질의 읽을거리와 생각할 거리를 제공하는 플랫폼을 자처한다. 이 시장에는 외국어·기업 교육 등을 제공하는 '패스트캠퍼스', 유료 독서 클럽을 운영하는 '트레바리', 스터디를 중개하는 '스터디파이', 그림·수공예 등 취미 생활을 배우는 '클래스101' 등 다양한 스타트업들이 뛰어들고 있다.

박소령 대표는 "퍼블리가 런칭한 지 얼마 안 됐을 때는 '경쟁자가 있기는 하냐'는 질문을 받았는데 이제는 경쟁자가 많다고 느낀다"며 "이 시장은 2~3년 내에 경쟁이 매우 치열해질 것"이라고 내다봤다.

퍼블리의 장기적인 목표는 페이스북을 대체하는 것이다. 페이스북과 같은 SNS가 되겠다는 것이 아니라 페이스북을 대체하는 뉴스 플랫폼이 되겠다는 뜻이다. 실제로 많은 사람이 페이스북을 주변 지인들과 커뮤니케이션하는 용도보다 오피니언 리더들을 팔로우하는 용도로 사용한다. 사회 유명 인사들이 어떤 뉴스를 보고, 어떤 시각을 가지고 있는지 궁금할 때 페이스북을 참고한다는 것이다.

퍼블리는 2020년 3월 '퍼블리 뉴스' 애플리케이션을 따로 런칭했다. '퍼블리 뉴스'에서는 전문가와 업계의 인플루언서들이 큐레이션한 뉴스들만 압축적으로 볼 수 있다. 뉴스가 궁금하면 네이버나 페이스북이 아닌 퍼블리로 바로 들어오라는 뜻이다.

그러고 보면 퍼블리는 활자 콘텐츠를 어떻게 매력적으로 포장해야 할지 잘 알고 있는 것 같다. 이제 동영상 시대, 이미지 시대라고

하지만 활자에 대한 수요는 여전히 꾸준하다. 그래서 퍼블리가 출판 업계나 언론 업계의 관심을 특히 많이 받는 것 같다. 이 회사가 어떤 라이벌들부터 하나씩 이겨나갈지 궁금하다.

예술가들을 위한 온라인 창작소

아이디어스

오프라인 플리마켓을
온라인으로

요즘 트렌드와는 정반대의 길을 걷고 있는 쇼핑몰이 있다.

- 주문을 받으면 그때부터 제품 생산 시작
- 평균 배송 기간 7일, 도자기 같은 제품은 한 달 소요
- 가격은 저렴하지 않음. 최저 가격이라고 보장 못함
- 아무나 입점할 수 없음. 입점 심사를 통과할 확률 40%

당일 배송, 새벽 배송이 당연시되는 요즘에 이런 정책으로 잘되는 곳이 있을까? 신기하게도 있었다. 심지어 아주 잘된다. 월간 이용자 수 270만 명, 누적 거래액 2,000억 원을 돌파한 이곳은 핸드

메이드 마켓 '아이디어스'로, 작가들이 직접 만든 수공예품을 전문적으로 파는 온라인 쇼핑몰이다.

사업하는 사람, 특히 성공적인 창업가는 모두가 다 될성부른 떡잎이었을 것 같지만 꼭 그렇지도 않다. 아이디어스를 운영하는 김동환 백패커 대표는 그저 평범한 직장인이었다. 사회학도인 그는 다음커뮤니케이션과 온라인 매체 인사이트에서 직장 생활을 했다.

그는 회사 생활에 매우 만족하던 사람이었다. 그래서 그를 보면 반드시 현실에 엄청난 불만을 갖거나 갈증이 있어서 회사를 탈출하듯 박차고 나와야 비범한 사업가가 되는 것은 아닌 것 같다는 생각이 들었다. 아이디어스처럼 평범하게 차근차근 쌓아온 내공이 사업할 때 멋지게 발현되는 사례도 있는 것이다.

좋은 작가와 작품이 있다면 어떻게든 팔 수 있다

"평생 직장 생활을 잘할 수 있을 것 같았어요. 회사 다니면서 인정도 받고, 적성에도 맞았거든요. 남들 앞에서 이야기하는 것을 안 좋아해서 2인자의 위치에서 성과를 내고 인정받는 것이 만족스러웠어요."

신생 매체였던 인사이트에서의 경험은 그에게 자신감을 심어줬다. 규모도 작고 업력도 짧았던 매체였던지라 3년 정도 다니면서 다양한 업무를 수행해야 했다. 이런저런 업무를 맡아야 하는 상황이라면 보통 불만을 갖기 마련인데, 김동환 대표는 오히려 자신감을 얻었다. 그는 혼자서 회사를 충분히 만들고 운영할 수 있겠다는 판단이 들어 다니던 회사를 그만뒀다.

그렇다고 해서 엄청난 사업 아이디어를 가지고 있던 것도 아니었다. 자본금 100만 원으로 지금의 회사 '백패커'를 세우고 유료 스마트폰 애플리케이션을 계속해서 만들었다. 1년 간 애플리케이션 40개를 만들었으니 거의 일주일에 한 개씩 만든 셈이다. 그쯤 되니 '한국에서 가장 많은 유료 애플리케이션을 판매한 1위 개발사'라는 이색적인 타이틀도 가지게 됐다. 어느 정도 수익 구조를 만들고 나니 김동환 대표는 본격적으로 제대로 된 서비스를 만들어야겠다고 결심했다.

수공예품 쇼핑몰을 구상하게 된 것은 당시 김동환 대표와 함께 자취하던 사촌 동생 덕분이었다. 도예를 전공한 사촌 동생은 공방에서 다양한 상품을 만들었다. 그러나 판로는 턱없이 부족했다. 팔곳이 없었다. 공방만 차려서는 생활이 쉽지 않았다. 편의점이든 택배 배송이든 아르바이트를 병행해야 했다. 아르바이트를 하지 않는 시간에는 합정역 앞 길거리나 유동 인구가 많은 동네 슈퍼마켓 앞에서 좌판을 깔았다. 비록 파는 모습은 멋지지 않았지만 동생의 제품은 인기가 많았다. 특이하고 품질이 좋으니 많이들 사갔다. 곧

아이디어스에서 판매 중인
핸드메이드 제품들

아이디어스의 오프라인 매장

작가들의 작품 활동을 지원하기 위해
만든 '크래프트 랩'

단골손님도 생겼다.

특히 당시 오프라인에서 유행하기 시작한 플리마켓(flea market, 다양한 상품을 매매·교환하는 벼룩시장)도 아이디어스 사업 모델을 구상하는 데 큰 도움이 됐다. 공예품은 공산품과 달리 희소성이 있다는 점에서 젊은 세대에게 인기가 많았다. 실력 있는 작가들과 제품이 있다면 사람들은 어디든 모였다. 아이디어스는 플리마켓을 온라인으로 옮겨오면서 탄생할 수 있었다.

나만의 것에 열광하는 젊은 세대

현재 아이디어스에는 작가 14,000명이 활동하고 있다(2019년 12월 기준). 무언가를 제작하고 판매한다고 해서 모두 아이디어스에 입점할 수 있는 것은 아니다. 작가의 개성이 반영된 창작물만 판매할 수 있다. 실제로 입점 신청을 한 열 명 중 네 명 정도만 통과한다고 한다. 아이디어스에서 판매하는 상품은 대규모로 찍어내는 공산품이 아니다 보니 회사 차원에서 품질을 더 깐깐하게 체크해야 한다. 이런 노력 덕분인지 아이디어스에 올라온 150만 건의 구매 후기 중 상품 품질에 대한 부정적인 내용은 찾아보기 어렵다.

아이디어스에서는 어떤 제품이 많이 팔릴까? 가격은 비싸지만 품질은 좋은 가죽 가방이라고 한다. 애플의 에어팟이 젊은 세대의 필수템이 되자, 에어팟을 보관하는 에어팟 케이스도 스테디셀러가 됐다. 에어팟 특유의 하얗고 심플한 디자인에 반한 이들은 너 나 할 것 없이 지갑을 열어 구매했지만, 남들과 똑같은 건 싫은 이들에게 플러스알파가 필요했다. 아이디어스에서 에어팟 케이스를 검색하니 수십 개의 다양한 제품이 나왔다. 축구공 모양의 가죽 케이스, 지갑 모양 케이스, 이태리 베지터블 가죽을 사용한 에어팟 케이스가 인기였다.

식품 종류도 다양하게 갖추고 있다. 수제 케이크, 도라지정과와 같은 제품은 명절 시즌에 잘 팔린다. 같은 먹거리라도 디자인이 다르고, 정성이 들어가면 돈을 더 주고서라도 사는 것이다.

구매까지 시간도 오래 걸리고, 가격도 싸지 않지만 아이디어스는 이런 단점을 극복하고도 남을 장점이 여럿 있다. 요즘 젊은 세대도 희소성에 큰 가치를 부여한다. '나만의 것'을 만들 수 있다면 돈을 더 주고, 며칠을 기다려서라도 기꺼이 구매한다.

제품을 만든 사람들과 직접 커뮤니케이션하고 교감할 수 있다는 점도 소비자들에게 어필하는 포인트다. 생필품은 빨리 구매하고 수령하는 것이 중요하지만, 수공예품은 그렇지 않다. 제품의 디자인과 제품을 만드는 작가의 철학과 느낌까지도 따진다. 구매하고 싶은 제품이 있는데 궁금한 점이 있다면 작가에게 바로 메시지를 보낼 수 있다. 작가의 '스토리'를 누르면 작가의 프로필, 판매 작품, 작가가 올리는 여러 이야기를 볼 수 있다. 고객의 지갑을 열려면 그에 앞서 고객의 마음을 잡아야 한다는 것을 아이디어스는 잘 알고 있는 것이다.

"네 앞에 많은 창업자가 있었지만 성과가 없었어. 그게 무엇을 의미하는지 아니? 시장이 없다는 거야. 원하는 사람이 없기 때문에 잘되지 않은 거지."

실제 김동환 대표가 사업을 시작하기 전에 주변에서 들은 말이다. 수공예품으로 사업을 한다니 '집에서 뜨개질하는 사람들'을 데리고 무슨 사업을 하겠냐는 부정적인 시선도 많았다. 실제로 아이디어스 이전에 비슷한 사업 모델을 가진 곳이 많았지만 전부 실패했기 때문이다. 그러나 김동환 대표는 이 모든 우려를 말끔히 씻어내고 안정적인 쇼핑 플랫폼을 구축했다.

착한 회사가
성장하는 이유

김동환 대표와 사업에 대한 이야기를 하면서 공격적으로 사업을 확장하는 스타트업 대표 같지 않다는 느낌이 들었다. 그의 이야기를 들을수록 아이디어스의 가장 중요한 자산인 셀러(작가)들에 대한 배려심이 느껴졌다. 아이디어스에서 제품을 구매할 때도 셀러 이름 옆에 '작가님'이라는 존칭이 붙어 있었고, 제품을 구매하는 결제창에서도 작가를 후원하는 금액을 추가로 낼 수 있었다.

문화체육관광부가 2019년 발표한 '예술인 실태 조사'에 따르면 전업 예술인들의 연평균 수입은 1,281만 원에 불과했다. 수입 자체가 턱없이 적은 것도 문제이지만 이들이 고정적으로 작품을 판매하고 수입을 확보할 판로가 없다는 것도 문제였다.

실제로 아이디어스는 공예 업계에 긍정적인 영향을 미치고 있다. 온라인에 판매 공간을 만들어줬을 뿐 아니라 작가들이 좀 더 원활한 작품 활동을 하게 돕는다. 예를 들면 택배로 물건을 보낼 때 파손을 막아주는 뽁뽁이, 박스, 테이프 등을 원가 수준으로 작가들에게 판매한다. 또 같은 제품이라도 어떻게 사진을 찍느냐에 따라서 판매량이 천차만별로 달라지기 때문에, 원하는 작가에 한해서는 아이디어스의 전문 포토그래퍼가 제품 사진을 대신 촬영해주기도 한다.

창작 활동에만 매진한 작가들에게 마케팅 전략이 있을 리 만무하다. 매달 작가들을 추첨해서 어떻게 하면 더 많은 작품을 판매할 수 있는지에 대한 오프라인 교육도 진행한다. 아이디어스 본사에도 '크래프트 랩'을 만들었다. 개인·공용 작업실과 촬영실 등을 마련해 작가들의 작품 활동을 지원한다. 더 많은 사람이 수공예품을 구매할 수 있게 인사동 쌈지길과 용인 수지 롯데몰에 오프라인 쇼핑몰도 운영하고 있다. 그런 노력 덕분인지 아이디어스의 인기 작가들은 월 평균 1,200만 원이 넘는 수입을 기록하기도 한다.

독창적인 사업 모델과 섬세한 사업 전략까지 갖췄으니 투자자가 모이는 것은 어찌 보면 당연하다. 아이디어스의 누적 투자 금액은 210억 원이 넘는다. 스톤브릿지벤처스, 알토스벤처스 등 한국·미국·일본 자본이 국경을 넘어 아이디어스로 손을 뻗었다.

이런 아이디어스에 사업 목표를 물으니 예상치 못한 답변이 나왔다. 보통 중장기적인 사업 목표를 물으면 '해외 진출', '예상 매출 ○억 원', '업계 1위'와 같은 대답이 많이 나오는데 김동환 대표는 이런 답변 대신 "한국의 훌륭한 문화유산인 공예 업계를 키우고, 공예를 학문으로 더 많이 가르칠 수 있게 하고 싶다"고 했다.

아이디어스가 업계에서 작가들이 만든 최종 생산품을 판매하는 끝단에 위치한다면, 그 앞단에 있는 생태계부터 건강하게 만들겠다는 것이다. '착한 서비스' 아이디어스가 성장하는 이유다.

법칙
7

돈이 되는
취향을
찾아라

맞춤형 배송 서비스로 반려인들 사로잡은

펫프렌즈

이제는 내 소중한
강아지, 고양이에 맞는
서비스가 필요하다

\# 펫프렌즈
\# 2015년
\# 김창원
\# 148억

'고객 만족'이 중요하지 않은 회사는 없을 것이다. 문제는 어떻게 고객을 만족시킬 것인가다. 경쟁이 치열한 분야일수록 만족에 대한 소비자들의 기준도 높아 만족시키기도 쉽지 않다. 게다가 요즘 소비자들은 똑똑하고 민첩하다. 자신이 이용하는 서비스와 상품에 대한 정보를 누구보다 많이 알고, 만족스럽지 않을 때는 언제든지 서비스를 해지하고 상품을 바꾼다. 그 어떤 회사도 영원히 고객을 만족시킬 수는 없다.

이커머스 시장(전자 상거래)은 그 어느 분야보다 경쟁이 치열한 레드 오션이다. 수많은 플레이어로 포화 상태고, 유통·물류망 혁신을 통해 배송 속도 경쟁은 끝을 달리고 있으며, 고객들의 기대 수준도 갈수록 높아지고 있다.

반려동물 용품 쇼핑 애플리케이션 '펫프렌즈'는 연간 3조 원이 넘는 국내 펫코노미(pet+economy, 반려동물과 관련된 산업) 시장에서 가장 주목받는 회사 중 하나로, 급성장하는 펫코노미 시장에서 가장 괄목할 만한 성과를 내고 있다. 여기서는 펫프렌즈가 성장하고 있는 현상보다, 빠른 성장을 할 수 있었던 원인에 집중해서 소개하고 싶다. 이 회사는 섬세한 고객 만족이란 무엇인지, 치열한 이커머스 시장에서 살아남는 비결이 무엇인지 아주 명료하게 보여주는 회사이기 때문이다.

반려동물계의 쿠팡으로 거듭나다

펫프렌즈는 주로 강아지와 고양이를 키우는 이들을 위한 반려동물 용품을 판매하는데, '반려동물 커머스의 쿠팡'이라고 불린다. 연매출 4조 원이 넘는 유통 공룡 쿠팡과 직접 대결할 수는 없겠지만, 반려동물을 키우는 펫팸족(pet+family의 합성어, 동물을 가족으로 여기는 사람들)들에게는 쿠팡처럼 익숙한 곳이기 때문이다.

펫프렌즈의 대표 상품은 '심쿵 배송'이다. 컬리의 마켓컬리, 쿠팡의 로켓프레시 등 기존 신선 식품 회사들이 밤 11~12시까지 주문하면 새벽까지 배송해주는 시스템을 구축했다면, 펫프렌즈는 반려동물 관련 상품을 주문하면 두 시간 안에 배송해주는 시스템을 자랑한다. 다른 카테고리의 회사들과 비교해도 배송이 빠르니 반려인들이 만족하지 않을 수 없다. 단, 여기에는 몇 가지 전제 조건이 따른다. 현재 심쿵 배송은 서울 지역만 가능하고, 배달 가능한 시간은 오후 3시부터 밤 12시까지다. 수도권이나 지방에서 주문하면 '펫프택배'라는 시스템으로 당일 택배 발송해서 그다음 날까지 주문한 제품을 받을 수 있다.

신속한 배송이 모든 커머스 회사들에게 가장 중요한 과업이라지만, 두 시간 내 배송은 파격적으로 빠른 시간이다. 특히 반려동물을 키우는 입장에서는 필요한 아이템을 두 시간 이내로 받을 수 있기 때문에 반려동물 물품을 창고에 한가득 쟁여둘 필요가 없게 됐다. 퇴근했는데 우리 '댕댕이'의 간식이 없어도 당황할 필요가 없는 것이다.

이성이 아닌 감성을 공략하라

펫프렌즈가 빠른 배송 속도만 내세웠다면 후발 주자로 합류한 대기업들과 경쟁하기 쉽지 않았을 것이다. 펫프렌즈는 빠를 뿐 아니라 '섬세한' 배송 서비스를 자랑한다.

펫프렌즈의 직원은 모두 반려동물 전문 관리사 1급 자격증을 가지고 있다. 심쿵배송으로 물건을 배달해주는 라이더들도 마찬가지로 전문 관리사 자격증을 가지고 있다. 그 덕분에 라이더의 업무도 다양해졌는데, 의류, 가방을 주문하면서 "사이즈 비교 부탁드려요"라는 배송 옵션을 선택하면 라이더들이 다양한 사이즈의 여러 제품을 챙겨온다. 그러면 직접 사이즈를 비교한 뒤 상품을 골라 결제한다. 온라인 쇼핑의 단점을 극복한 좋은 예다. 사료도 샘플을 여러 개 받아서 반려동물이 잘 먹는 것만 구매할 수 있다. 라이더들은 고객이 원하면 반려동물 용품을 설치해주기도 하고, 주인 대신 반려동물에게 밥을 주기도 한다.

이런 섬세한 배송 서비스는 어릴 때부터 반려인이었던 펫프렌즈 김창원 대표의 경험을 바탕으로 만들어진 것이다.

"포털의 반려동물 정보는 내 아이와 맞지 않는 것이 많았어요. 다른 강아지들이 잘 먹는다는 맛있는 간식을 사줘도 우리 강아지가 안 먹으면 무용지물이었고요. 반려동물 용품 시장은 소비자와 이용자가 다른 시장입니다. 말 못하는 강아지, 고양이를 위해 빨리 달려가 사이즈 테스트, 테이스팅 테스트를 해주고 싶었어요."

고객의 마음을 움직이기 위해서는 이성이 아닌 감성을 공략해야한다. '빠른 배송 서비스'로만 설명할 수 없는, 고객의 마음을 동하게 하는 섬세한 서비스 말이다.

펫프렌즈는 반려인들이 물건을 배송받을 때 기대하지 않은 잔잔

한 감동을 제공한다. 배달 온 물건 봉투에는 "우주에서 가장 빠른 우리 아이 행복 배달"이라는 문구가 쓰여 있다. 반려인들에게 고양이, 강아지는 그저 동물 한 마리가 아닌 '우리 아이', '내 자식'이라는 걸 이해해주는 느낌이다. 또 종종 고객들에게 손 편지를 써서 상품에 동봉하기도 한다. "아이를 위해 아이가 좋아할 만한 간식도 함께 보내드려요! ○○님 ♡과의 소중한 인연 앞으로도 쭈욱~ 이어질 수 있도록 저희가 최선을 다해 노력하겠습니다"와 같은 친절한 말투와 함께 말이다.

펫프렌즈는 반려동물 상품 배송 서비스로 시작했지만, 이제는 애플리케이션에서 반려동물과 관련한 정보를 얻고 의견을 나누는 커뮤니티로의 성장을 꿈꾼다.

애플리케이션 메뉴 중 하나인 '펫프렌즈의 24시간 상담소'에서는 펫프렌즈에서 판매하는 반려동물 용품에 대한 궁금증은 물론 평소 반려동물에 대해 궁금했던 점도 해결해주는데, 애플리케이션에서는 반려동물에게 유용한 정보, 제품에 대한 정보가 한가득하다. "강아지도 추위를 타나요? 옷 입힐지 말지 고민된다면?", "댕댕이 관절 관리 필수템" 등에 대한 정보도 영상으로 제공된다. 자연스럽게 댕댕이와 냥이를 키우는 반려인들의 공감과 고민 댓글도 줄줄이 이어진다.

○ 팻프렌즈의 심쿵 배송 서비스

○ 전문 관리사 자격증을 가진 라이더들이 직접 배송한다

○ 고객에게 도움되는 정보를 직접 손편지로 써 감동까지 전달한다

사람들이 알아서 찾아오는 곳이 된다면, 어떻게 돈을 벌 지는 나중에 생각해도 되는 문제입니다.

성공한 애플리케이션은 ─
온라인 커뮤니티로 진화하고 싶어 한다 ─

성공한 애플리케이션들이 결국에는 온라인 커뮤니티로 진화하려는 것은 공통적인 현상이다. 중고마켓 애플리케이션으로 유명한 '당근마켓'도 중고 거래 이외에 동네 맛집에 대한 정보를 나누고, 시설 좋은 헬스장이 어딘지 물을 수 있는 커뮤니티 서비스 '동네생활'을 추가했다. 당근마켓은 사람들이 자기 동네와 관련된 정보가 궁금할 때 들어가는 플랫폼이 되는 것이 목표인데, 펫프렌즈도 내 반려동물과 관련된 갈증을 해소하고 싶은 이들이 찾는 플랫폼으로 성장하는 것이 목표다. 사람들이 알아서 찾아오는 곳으로 자리 잡으면, 플랫폼에서 어떻게 돈을 벌지는 나중에 생각해도 되는 문제이기 때문이다.

이와 관련하여 김창원 대표는 반려동물 업계와 같은 틈새시장은 가장 빠른 시간에 유효한 고객 데이터베이스를 확보하는 것이 생명이라면서, 손익을 신경 쓰지 않고 최선의 서비스를 제공하는 것에 몰두하고 추후 기타 비즈니스 모델과 서비스로 손익을 낼 생각이라고 이야기한 바 있다.

'개견화', '개묘화' 시대를 위한
맞춤 서비스

김창원 대표는 경북 일대에서 12개 학원 직영점을 성공적으로 운영하다가 강사들에게 학원을 물려준 뒤 상경해서 사업가로 변신했다. 2015년 처음 시작한 펫프렌즈는 '내 근처 반려동물 상점'을 소개시켜주는 서비스로 시작했다. 어렸을 때부터 반려동물을 키워온지라 자신에게도 필요한 사업이었다. 전국의 동물 병원, 애견 카페, 펜션, 미용 등이 3,000곳이 넘는데, 이와 관련된 정보를 사용자들에게 친절히 알려주고 싶었다. 그러나 대부분 상점이 오프라인 영업에만 익숙했기 때문에 예약 시스템을 도입하거나 수수료를 붙이기는 애매했다.

그렇게 해서 바꾼 아이디어가 최대한 빨리 반려동물 용품을 배송하는 것이었다. 적당한 시기에 적당한 방향으로 전환한 사업은 성공적이었다. 성공한 스타트업 중에서는 수차례 사업을 전환한 회사가 많다. 펫프렌즈도 타깃 소비자층은 그대로 두되 사업 모델은 정교하게 바꿨다. 김창원 대표를 포함한 4명의 직원은 두 달 동안 각종 배달 플랫폼에서 직접 라이더 서비스와 콜센터 업무를 경험했고 서비스 모델을 다시 구상했다. 처음에 시작한 서비스가 잘 안 됐다고 포기했다면 지금의 펫프렌즈는 탄생할 수 없었을 것이다.

펫프렌즈는 2017년 GS홈쇼핑에게 소액 투자를 받기 시작해

2018년에는 뮤렉스파트너스 등으로부터 40억 원 규모의 투자를 유치했으며, 2019년에 100억 원 규모의 투자를 추가 유치했다. 투자자들은 펫프렌즈가 고객들을 만족시킨 경험이 많다는 점과 반려동물 시장의 급격한 성장세를 높이 샀다.

펫프렌즈는 실탄을 넉넉히 장전한 만큼 이제 미용, 펫시터, 훈련, 산책 등의 서비스도 선보일 예정이다. 개인화가 아닌 '개견화', '개묘화'를 위한 맞춤 상품을 추천하고 적중률을 높이는 것이 목표다.

직장인의 생활 애플리케이션
리멤버

명함 관리 애플리케이션에서 더 나아가
비즈니스 포털을 꿈꾼다

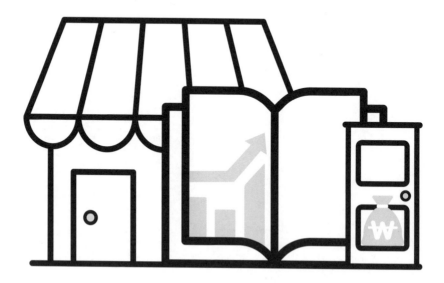

스타트업은 혁신적인 사업 모델을 가지고 있다는 장점이 있지만, 그 이면에는 업력이 짧은 만큼 시장에서 검증되지 않았다는 위험성이 늘 도사린다. 그래서 잘나가는, 주목받는 스타트업을 소개하는 것은 굉장한 부담이다.

　흙 속의 진주와도 같은 멋진 회사를 일찌감치 발견하는 것은 보람찬 일이지만, 흙 속의 진주가 예상만큼 시장에서 성과를 내지 못하거나 도태돼 일찌감치 사업을 접는 경우도 많다. 결론적으로는 흙 속의 진주가 아니었던 셈이다.

　그렇다 보니 성공할 만한 회사를 선정할 때는 최대한 보수적으로 접근하는 습관이 생겼다. 나는 그럴 때 다음의 두 가지 요건으로 회사를 판단한다.

첫째, 이 회사의 상품은 시장에서 얼마나 검증받고, 평가받고 있는가?

둘째, 이 회사를 세운 창업자는 어떤 사람인가?

물론 이 두 가지 요건을 충족하지 않아도 훌륭하게 성장하는 회사는 많을 것이다. 하지만 지금까지의 취재 경험을 통해 판단하자면, 이 두 가지 요건에 대한 답이 만족스러우면 훌륭한 회사일 가능성이 크다.

명함 애플리케이션으로 알려진 '리멤버'와 리멤버를 만든 최재호 드라마앤컴퍼니 대표는 이 같은 조건에서 봤을 때 100점 만점을 받을 만한 회사와 창업자라고 해도 과언이 아니다.

일단 리멤버는 이미 시장에서 검증됐다. 리멤버라는 애플리케이션은 젊은 직장인들에게 이미 익숙하다. 설사 쓰지 않더라도 어떤 용도의 애플리케이션인지 잘 아는 사람이 많다. 스타트업의 서비스가 일반 소비자들에게 이 정도의 인지도를 가진 경우는 드물다.

또 최재호 대표에 대한 업계의 평가도 일관된다. 좋은 성과를 내서 훌륭한 창업자라고 평가받는 것이 아닌 사업에 대한 자세, 인품에 대한 평가가 다들 우호적이다. 실제로 만나 보니 왜 일관된 좋은 평가가 나오는지 단번에 알 수 있었다. 그는 언제나 누구에게든 겸손하게 자신과 회사에 대해 설명한다.

아날로그라고 해서 ──
모두 지양해야 하는 것은 아니다 ──

리멤버는 2014년, 명함 관리 애플리케이션으로 시작했다. 정리하지 않으면 그저 쌓이기만 하는 수많은 명함을 효율적으로 입력하고 관리해주는 기능이 핵심이다. 이전에도 명함 관리 애플리케이션은 있었다. 그러나 종전의 애플리케이션들은 자동으로 문자를 인식하는 OCR(광학문자인식) 기술에만 의존해서 글자를 잘못 인식하는 경우가 많았다. 그래서 리멤버는 서비스 초기에 타이피스트 1,500명을 고용해 수동으로 명함 정보를 입력했다. 아날로그 방식이라고 전부 지양해야 하는 것은 아니다. 오히려 글자 인식의 정확도를 높여서 소비자의 만족도를 높이니 빠르게 입소문이 났고, 비지니스 좀 한다는 사람, 명함 좀 많이 주고받는 사람들에게서 필수 애플리케이션으로 자리 잡았다.

리멤버는 출시된 지 6년이 지났지만 여전히 사랑받고 있다. 누적 가입자 300만 명, 누적된 명함은 2억 장이 넘었다. 아무래도 새로운 서비스이다 보니 'IT 분야에서 일하는 사람들이 많이 쓰지 않을까?' 하는 궁금증이 들었다. 그런데 실제로 제조업, 유통, 금융 등 다양한 분야에서 많이 사용된다고 한다. 애플리케이션이 그만큼 보편화됐고 사람들의 일상생활 속에 스며들었다는 뜻이기도 하다.

리멤버가 서비스 초반의 성공에 취해 명함 애플리케이션에만 머물렀다면 지금까지 롱런하지 못했을 것이다. 리멤버는 처음 성공한 서비스를 밑바탕으로 또 다른 서비스를 시작했고, 또 그 서비스를 밑거름 삼아 그다음 서비스를 준비하고 있다. 차근차근 사업의 기반을 다지는 게 길게 봤을 때 더 효과적인 사업 확장 방식이라는 것을 누구보다 잘 알고 있는 기업 같다.

외부에서 보기에는 사업이 잘되니 이런저런 서비스를 하나씩 덧붙이는 것이라고 생각할 수도 있다. 그러나 2014년 리멤버 서비스를 시작하던 당시의 사업 계획서에는 이런 표현이 쓰여 있다.

"'한국판 링크드인'을 목표로 한다."

'링크드인'이란 2003년 미국에서 시작된 비지니스 전용 SNS로, 자신의 직업과 경력, 학력 등을 기입한 프로필을 토대로 사람들과 관계 맺을 수 있도록 도와준다. 미국뿐만 아니라 전 세계적으로도 많이 사용되는데 지금은 5억 7,500만 명의 사용자를 확보하고 있다(2020년 1월 기준).

리멤버는 링크드인의 성공 사례를 보면서 단순히 명함 관리 애플리케이션으로 안주하면 안 되겠다고 판단했다. 사업을 구상하는 것은 큰 그림을 얼마나 정확하게 그리고, 목표 지점을 얼마나 정교하게 설정하는지가 핵심이라는 것을 잘 보여준다.

누적 가입자 300만 명, 누적된 명함 2억 장의
명함 관리 서비스 리멤버

2019년 서비스를 시작한 구인구직 플랫폼 '리멤버 커리어'

미국에서 성공한 '링크드인', 한국에서 안 되는 이유는?

2019년에 본격적으로 시작한 '리멤버 커리어'는 이직을 준비하는 사람들이 자신을 어필하고, 또 헤드헌터나 HR(인사·채용) 관련 업무를 하는 사람들이 이들을 검색하고 영입할 수 있는 플랫폼을 지향한다.

이제 사람들은 리멤버를 통해 자신의 커리어 관련 정보를 입력하고, 이직 의사도 밝힐 수 있다. 자신의 정보를 올리면 자동적으로 구직·구인 시장 한가운데에 서게 된다. 데이터베이스 검색 이용권을 구매한 관계자들은 구직자 정보를 찾아보고, 애플리케이션을 통해 직접 연락할 수도 있다.

이런 식으로 자신의 커리어 정보를 등록한 사람이 벌써 60만 명을 넘었다. 헤드헌터들의 수첩과 휴대폰에만 의존했던 경력직 채용·이직 시장이 플랫폼을 통해서 더욱 활성화될 수 있는 길이 열린 셈이다. 이제 리멤버는 명함 관리를 넘어 HR 시장의 판도를 바꾸고 싶어 한다.

사실 한국에서는 미국에서만큼 링크드인이 잘되지 않는다. 잘 안 될 수밖에 없다. 링크드인에서는 내 정보를 업데이트하면 그때마다 내가 정보를 새로 올렸다는 사실이 공개되는데, 한국 사회에서는 이직을 하거나 이직을 알아보는 사실을 최대한 숨기려는 폐

쇄적인 문화가 있기 때문이다. 이런 사회 분위기에서는 링크드인 같은 기능은 다소 부담스러울 수밖에 없다.

이런 폐쇄적인 문화와 함께 적극적으로 명함을 공유하는 문화를 가진 나라가 한 곳 더 있다. 바로 일본이다. 링크드인이 한국에서 잘 안 된 이유를 집중 분석하여 리멤버 커리어를 시작한 리멤버는 이 기회를 놓치지 않았다. 비슷한 문화를 가진 일본에서 2018년 리멤버의 일본 버전 애플리케이션 '마이브릿지'를 선보였다. 경기가 호황이라 늘 구인난에 시달리고 있는 일본에 꼭 필요한 서비스다.

구글처럼 습관적으로 들어가는 포털이 되기 위하여

사업이 순항 중이던 2017년, 리멤버에 새로운 제안이 왔다. 네이버와 일본 라인의 한국 법인 라인플러스가 드라마앤컴퍼니에 인수 제안을 한 것이다. 잘되는 스타트업으로서는 대기업의 인수 제안이 꼭 반갑지 않을 수도 있다. 대기업의 계열사가 된다는 것은 좀 더 안정적으로 사업을 영위할 수 있다는 장점이 있지만 그만큼 스타트업으로서의 색깔, 독립성을 잘 지키지 못할 가능성도 커진다. 처음부터 직접 사업을 일궜고, 또 달성하고자 하는 목표가 있는 최재호 대표로서는 고민이 됐을 법한 제안이었다.

"다른 무엇보다 '무엇이 우리 사업을 더 잘되게 하는 길인가?'의 관점에서 고민했어요. 재무적 투자자, 벤처캐피털로부터 더 투자를 받는 옵션도 열려 있었고요. 그런데 더 큰 게임을 하고 싶었습니다. 더 큰 게임을 하기 위해서는 네이버와 손잡는 것이 좋은 선택지가 될 것이라고 판단했고요."

2017년 네이버와 라인플러스는 드라마앤컴퍼니의 지분 74.3%를 380억 원에 인수했고, 드라마앤컴퍼니는 네이버의 계열사로 편입했다. 드라마앤컴퍼니가 그간 네이버 등 여러 투자자들로부터 투자받은 누적 금액만 400억 원이 넘는다.

드라마앤컴퍼니는 네이버 계열사로 편입된 후 여러 장점을 누리고 있다. 일본에 사업 진출할 때 라인의 성공 경험을 인수인계 받을 수 있었다. 연구·개발 측면에서도 네이버는 든든한 원군이다. 네이버의 인공지능 플랫폼 '클로바'와 사업 협업도 할 수 있었다.

리멤버의 최종 목적지는 비지니스 포털이다. 사람이 필요할 때, 전문가가 필요할 때, 정보가 필요할 때 언제든 들어가는 곳이 되는 것이다. 우리가 습관적으로 네이버와 구글에 들어가는 것처럼 일하는 사람들이 습관적으로 들어가는 곳이 리멤버가 될 수 있을까? 아직까지 리멤버가 꿈꾸는 비지니스 포털을 구현한 곳은 없다. 몇 년 뒤, 리멤버는 비즈니스 피플들에게 어떤 포지션으로 각인돼 있을지, 그 미래가 기대된다.

스타일리시한 차 문화를 개척하는

알디프

"종이컵에 마시는 녹차 말고,
와인 잔으로 마시는 티 주세요"

알디프
2016년
이은빈
3.5억

ALTDIF
TEA & LIFE STYLE BRAND

차(茶) 이름: 비포 선셋

콘셉트: 영원히 걷고 싶은 오후, 거리에 비치는 햇살의 맛

어울리는 노래: 줄리 델피의 '왈츠 포 어 나이트(Waltz for a night)'

차 전문 스타트업 알디프가 개발한 차에는 제품(맛)별로 영화·음악에서 따온 차의 이름과 콘셉트, 노래가 정해져 있다. 차에 대한 딱딱한 설명, 차를 우리는 시간 등과 같은 객관적인 정보를 알려주기에 앞서 차를 음미하면서 느끼는 감정과 분위기를 설명해주는 것이다. 녹차·홍차 등을 베이스로 한 블렌딩 차들에는 '서울의 달 그레이', '무드 포 러브', '스페이스 오디티'와 같은 남다른 이름이

붙어 있다. 일회용 종이컵에 네모난 티백을 넣어 물처럼 마시던 녹차, 옥수수수염차를 생각하면 곤란하다. 알디프에는 다른 곳에선 절대 맛볼 수 없는 독특한 차와 그 차들이 뽐내는 각기 다른 콘셉트와 스토리가 있다.

2016년에 설립된 알디프는 크라우드 펀딩을 통해서 소비자들에게 첫 선을 보였는데 당시 목표액 대비 1600%를 달성하면서 업계에 처음으로 이름을 알렸다. 커피는 익숙하지만 차 문화는 낯선 20~30대 소비자들에게 새로운 문화와 경험을 제공하는 알디프는 '티 앤 라이프스타일(Tea & Lifestyle)' 브랜드를 지향하면서 온·오프라인 매장에서 여러 가지 차부터 향수까지 다양한 제품을 판매하고 있다.

"인스타그래머블 하네요!"

밀레니얼 세대들은 같은 제품을 좀 더 감성적인 사진, 좀 더 감각적인 카피로 표현하기 위해 고민한다. 그래서 어떤 사진이 인스타그래머블(instagrammable, 인스타그램에 올릴 만하다는 뜻)하다는 것은 감성의 관점에서 합격점이란 뜻이기도 하다.

한 행사에서 이은빈 알디프 대표가 '비포 선셋' 티백을 건넸을 때 '오, 인스타그래머블한데?'라는 생각부터 들었다. 이 제품을 이용하면 나도 힙해질 것 같다는 생각이 들었기 때문이다. 감성과 생각을 건드리는 것은, 젊은 세대를 타깃으로 하는 기업과 서비스들이 가장 노력하는 부분 중 하나다.

홍대 근방에 위치한 오프라인 매장 '알디프 티 바(Tea bar)'는 알디프의 브랜드 정체성을 잘 보여준다. 이곳은 소비자들이 새로운 스타일의 차를 경험할 수 있는 곳으로, 차를 즐길 수 있는 최적의 환경에서 천천히 차를 음미하면서 차가 생각보다 어렵지 않다는 것을 깨달을 수 있는 곳이다.

2층 규모의 알디프 티 바에서 가장 인기가 많은 것은 '티 코스'다. 스테이크·스시 같은 음식이 아닌 차를 코스로 마시는 것은 누구에게도 익숙한 경험은 아니다. 티 코스는 2만 원대로, 주문하면 다섯 가지 종류의 차를 순서대로 맛볼 수 있다. 소믈리에 역할을 하는 티 마스터가 웰컴티를 시작으로 밀크티, 티에이드, 디저트 등 다양한 메뉴를 제공하고, 차의 특성에 맞는 잔(찻잔, 글라스, 샴페인 잔)도 골고루 제공된다. 이렇게 차를 즐기다 보면 맛은 물론 보는 재미와 차에 대한 설명을 듣는 재미까지 배가된다.

티 코스는 봄·여름·가을·겨울 시즌마다 테마와 콘셉트가 달라지는데, 티 바에서 코스를 오롯이 즐기다 보면 두 시간이 훌쩍 지나간다. 차에 집중하여 맛과 분위기를 음미하고 경험하면서 자연스럽게 차의 매력에 빠지게 될 것이다.

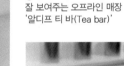

○ 알디프의 브랜드 정체성을
잘 보여주는 오프라인 매장
'알디프 티 바(Tea bar)'

○ 티 코스에서 맛볼 수 있는
알디프의 밀크티

○ 다양한 차와
차의 특성에 맞는
잔이 제공된다

스타트업에선 특히 사업을 시작한 창업자의 취향, 관심
사, 비전이 브랜드 정체성으로 곧바로 직결됩니다. 그런
점에서 저는 제게 잘 맞는 업을 택했어요.

왜 커피는 잘되는데 ─
차는 안 될까? ─

알디프의 이은빈 대표는 화장품 대기업에서 근무하다가 스타트업에 뛰어들었다. 5년간 화장품 개발과 브랜딩 작업을 담당했던 그는 개발 방향, 제품 선정, 개발, 진열 방법까지 브랜딩과 관련한 모든 과정에 참여했고, 그의 손을 거쳐 탄생한 화장품만 해도 200개가 넘는다. 트렌드에 맞춰 미친 듯이 빠른 속도로 화장품을 찍어내야 했기 때문에 다른 사람들보다 더 빨리, 더 많은 일을 접했다. 그러나 이은빈 대표는 스물아홉이 되던 해에 갑자기 회사를 그만둔다.

그만두면서도 사업을 할 것이라는 생각은 없었다. 왜냐하면 졸업 후 바로 시작한 회사 생활에 지치기도 했고, 지금 당장 일을 시작하지 않더라도 나중에 무엇이든 할 수 있겠다는 자신감도 있었기 때문이다. 그래서 회사 다니면서는 시간이 없어 하지 못했던 글쓰기, 기타 배우기, 춤추기 등에 도전하며 퇴직금을 탕진했다. 퇴직금이 떨어질 때쯤, 그가 다시 관심을 가지게 된 것은 차였다.

이은빈 대표는 고등학교와 대학교를 중국에서 나왔기 때문에 차가 일상의 일부였다. 특히 중국에 살던 2000년대 초반에는 카페도, 스타벅스도 없었기 때문에 밥을 먹고 커피가 아닌 차를 마시는 게 당연한 문화였다. 그런데 한국에 와보니 차는 즐기기에 너무 비싼 문화였고, 사람들은 누구나 커피를 마실 뿐이었다. 그는 한국 티소

믈리에 연구원을 다니면서 차에 대해 정식으로 공부하기 시작했다.

'사업'이라고 하면 부정적인 생각이 더 많았던 그에게 당시 스타트업을 운영하고 있던 남자친구는 새로운 자극제였다. 남자친구의 조언에 따라 그는 중소기업진흥공단에서 운영하는 청년창업사관학교에 지원했고 예비 창업자로 뽑혔다. 사업 준비가 일사천리로 진행됐다.

그러나 막상 사업을 준비하면서 예상치 못하게 부딪혀야 했던 것은, 차에 대한 냉소적인 시선들이었다. 그래서 선뜻 누구도 쉽게 뛰어들지 못한 낯선 시장이기도 했다.

차와 관련한 스타트업을 한다고 하면 무시하는 사람도 많았다. "그것도 스타트업이냐", "사업하다가 몇 년 뒤에 결혼하고 사업 접을 거 아니냐"는 비아냥도 들었다. 차를 좀 안다는 사람들은 "수백만 원, 수천만 원을 호가하는 다기(茶器)나 보이차 같은 고급차를 팔면 돈 쉽게 벌 수 있다"는 조언을 하기도 했다.

이은빈 대표는 그런 사람들을 대상으로 사업하고 싶지 않았다. 대신 차를 접해보지 않은 사람들에게 차를 마시는 문화, 새로운 라이프스타일로서의 차에 대해 알려주고 싶었다. 공장식 커피나 차가 아닌, 차를 소재로 하는 새로운 문화를 창조하고 싶은 마음이 더 컸다.

작은 습관의 변화에서 ─
삶의 변화로 ─

알디프의 브랜드 정체성을 설명할 때 빠지지 않는 키워드가 바로 '가치 소비'다. 가치 소비란 자신이 지향하는 가치를 포기하지 않는 대신 가격, 품질이나 만족도는 깐깐하게 따져서 소비하는 패턴을 말한다.

일상 속에서 마시는 차 한 잔은 그다지 특별해 보이지 않지만, 정체성에 영향을 주는 일이자 일상의 틈을 만들어주는 일일 수 있다. 이러한 작은 습관의 변화에서 삶의 변화가 시작될 수 있는 것이다.

"알디프의 주요 타깃은 90년대생, 2000년대생들이에요. 젊은 시절 만들어진 취향과 습관은 나이가 들어서도 쭉 이어지잖아요. 정체성은 본인이 먹고 마시는 것으로도 결정된다고 생각해요. 알디프로 차에 익숙해진 분들이라면 나이가 들어서도 차를 계속 즐길 수 있는 것이고요."

알디프 차를 마시는 것이 가치 소비가 되려면 제품에 적힌 문구와 디자인부터 직원들이 손님들을 대하는 태도까지도 달라야 했다. 대신 합리적인 가격을 앞세워서 부담 없이 즐길 수 있도록 했다.

소비자들의 관심을 끌려면 신제품 개발에도 적극적이어야 한다. 그래서 알디프는 매 시즌마다 새로운 맛과 메뉴를 개발한다. 대표

가 직접 메뉴 개발을 이끌고 있지만 직원들도 적극적으로 참여한
다. 직원들이 생각하고 상상하는 맛을 제안해서 모든 직원들이 테
이스팅 하고 의견을 주고받는다. 먹물 등 차에는 잘 쓰지 않을 것
같은 재료도 기꺼이 써본다.

신제품을 개발하고 시장을 파악할 때, 화장품 회사에서 쌓은 리
서치 습관은 큰 도움이 됐다. 시장조사라는 것이 거창한 것은 아니
다. 인기 있는 식당과 매장에는 무조건 들러서 직접 먹어보고, 소비
자들을 관찰하고 트렌드를 파악했다. 차나 식음료 시장과 관련성
이 없어도 리서치 대상이다. 시장조사를 하면서 생겨난 인사이트
는 어떻게든 사업에 도움이 되기 때문이다.

이러한 열정 끝에 알디프의 제품은 면세점과 서점 등 각종 매장
에 입점했다. 참신함을 앞세운 브랜드 정체성 덕분에 마니아층도
금방 늘었다. 특히 새로운 것에 대한 관심이 많은 20~30대 여성들
이 알디프의 주요 팬들이다. 이들은 탐구심이 강하고 취향에 대한
욕구가 강하다. 새로운 문화를 즐기고 정착시키는 데도 적극적이다.

취향이
정체성을 결정한다

하고 싶은 일이 있으면 동네방네에 이야기하고 수소문하는 성격인

이은빈 대표는 투자도 이와 같은 방식으로 유치했다. 사업에서 가장 중요하다는 타이밍도 결국 끊임없이 기회를 엿봐야만 얻을 수 있다. 이은빈 대표는 한 인터뷰에서 투자를 받고 싶다고 이야기했고, 당시 인터뷰를 진행하던 기자가 초기 스타트업 전문 액셀러레이터 매쉬업엔젤스를 연결시켜주면서 투자가 성사됐다.

매쉬업엔젤스는 2018년 7월 알디프에 시드 투자했는데, 시드 투자란 초기 단계의 스타트업 중 사업 모델이 탄탄하고 성장 가능성이 높은 기업에 행해지는 것을 말한다. 매쉬업엔젤스는 알디프의 브랜딩 능력을 높이 평가했을 뿐 아니라 각각의 차에 스토리를 입혀 대중이 친숙하게 차를 접하도록 했다는 점에 큰 인상을 받았다. 그리고 아직 국내에서는 차 음료 분야가 큰 주목을 받지 못하고 있지만, 소확행(소소하지만 확실한 행복) 문화와 건강에 대한 높은 사회적 관심 때문에 더 크게 성장할 수 있을 것이라고 평가했다.

좋아하는 것을 일로 삼는다는 뜻의 '덕업일치'란 이은빈 대표에게 딱 들어맞는 말이다. 차를 너무 좋아했던 그에게, 창업 전부터 시간을 들이고 투자하며 차와 덕업일치하는 것은 즐거운 과정이었다. 커리어라고는 화장품 회사에 다닌 것이 전부였지만, 어릴 때부터 접해온 차는 가장 자신 있게 전장에 뛰어들 수 있는 무기였다.

"스타트업에선 특히 사업을 시작한 창업자의 취향, 관심사, 비전이 브랜드 정체성으로 곧바로 직결됩니다. 그런 점에서 제게 잘 맞는 업을 택했어요. 제품을 개발하는 것은 곧 '내 새끼'를 만드는 과정이에요. 제가 봤을 때 가치 있고, 사람들에게 자신 있게 권할 수 있는 것을 만들고 팔아야 하잖아요. 몇 년간 한 아이템만 파고들고 공부하면 진절머리가 날줄 알았는데, 여전히 좋은 걸 보니 덕업일치에 성공한 것 같네요."

위기를 기회로 만든 밀레니얼 부자들의 7가지 성공 법칙

밀레니얼 슈퍼리치

초판 1쇄 발행 2020년 4월 9일
초판 4쇄 발행 2020년 6월 23일

지은이 하선영
펴낸이 박지수

펴낸곳 비에이블
출판등록 2020년 4월 20일 제 2020-000042호
주소 서울시 성동구 연무장11길 10 우리큐브 283A호(성수동2가)
이메일 b.able.publishers@gmail.com

ⓒ 하선영, 2020
값 16,000원
ISBN 979-11-6534-094-0 03320

- 인쇄·제작 및 유통상의 파본 도서는 구입하신 서점에서 바꿔드립니다.
- 이 책의 전부 또는 일부 내용을 재사용하려면 반드시 사전에 저작권자와 비에이블의 서면 동의를 받아야 합니다.
- 비에이블은 컬처허브의 임프린트입니다.
- 이 도서의 국립중앙도서관 출판예정도서목록(CIP)은 서지정보유통지원시스템 홈페이지 (http://seoji.nl.go.kr)와 국가자료공동목록시스템(http://www.nl.go.kr/kolisnet) 에서 이용하실 수 있습니다.(CIP제어번호: CIP2020012530)